复旦大学韩国研究丛书

中文社会科学引文索引（CSSCI）来源集刊
中国学术期刊综合评价数据库（CNKI）来源集刊
万方数据（WANFANG DATA）来源集刊

复旦大学韩国研究中心 编

CHINESE JOURNAL OF KOREAN STUDIES

韩国研究论丛

总第四十三辑

（2022年第一辑）

社会科学文献出版社
SOCIAL SCIENCES ACADEMIC PRESS (CHINA)

이 학술지는 2022년도 한국학중앙연구원 해외한국학지원사업의 지원에 의하여 발행되었음（AKS‑2022‑P‑003）.

This publication was supported by the 2022 Korean Studies Grant Program of the Academy of Korean Studies（AKS‑2022‑P‑003）.

复旦大学《韩国研究论丛》编委会

目录
CONTENTS

政治与外交

20 世纪韩国马克思主义思潮的四次转向[*]

吕守军　〔韩〕崔林

【内容提要】 韩国马克思主义形成于 20 世纪 10 年代特殊的政治经济环境和社会文化背景之中。尽管受到政界打压和学界排挤，不得不长期徘徊在学术话语体系的边缘，但马克思主义研究从未中断过。20 世纪韩国马克思主义思潮发生了四次转向：一是继承和坚守马克思历史唯物主义；二是提出和发展农业经济学；三是解构和探索依附理论和民族经济理论；四是重构和深化韩国社会形态理论。马克思主义思潮的转向对韩国马克思主义本土化起到了重要作用，为深入批判当代资本主义逻辑矛盾打下了坚实基础。

【关键词】 韩国马克思主义本土化　经济史学　农业经济学　民族经济理论社会形态

【作者简介】 吕守军，上海交通大学国际与公共事务学院教授，博士生导师，公共经济与社会政策系主任，上海交通大学政治经济研究院兼职研究员，经济学博士，主要从事马克思主义政治经济学、公共经济政策研究；崔林（通讯作者），上海交通大学国际与公共事务学院博士研究生，主要从事马克思主义政治经济学、公共经济政策研究。

纵观国内学术界对韩国马克思主义的研究，多聚焦于 21 世纪以来韩国资本主义危机及其对策和传统马克思主义发展及其文献学研究等内容，诸多

---

* 本文系国家社科基金项目"国际调节学派最新发展研究及对中国马克思主义经济学创新的启示"（项目编号：15BJL003）的阶段性成果。

国内学者期待的韩国马克思主义研究图谱即将呈现。① 然而，相较于对欧美和日本等马克思主义的研究，当前关于韩国马克思主义的研究仍有待完善。为此，本文首先对 20 世纪韩国马克思主义学术缘起和发展脉络进行考察；其次，对韩国马克思主义学者取得的成果进行爬梳整理，重点讨论经济史学、农业经济学、依附理论和民族经济理论、韩国社会形态理论四个方面的理论建树；最后，本文将 20 世纪韩国马克思主义思潮的四次转向看作韩国马克思主义本土化的四次尝试，旨在为中国的国外马克思主义研究发展和马克思主义中国化研究提供参考。

一　韩国马克思主义思潮的形成与发展

无论是日本殖民统治下的日据时期（1910~1945），还是美国军政统治下的解放时期（1945~1948），以及冷战背景下的军人长期执政时期（1961~1987），在韩国研究马克思主义，不仅意味着要背负"叛国"等政治罪名，而且会被学术界视为"异端"。虽然韩国马克思主义研究一方面承受着政治方面的严厉打压，另一方面承受着学术界的严格束缚，但是，依然有学者不畏惧压力、不随波逐流，敢于在逆境中钻研理论、捍卫真理。韩国马克思主义思潮的形成和发展，大致可以划分为以下五个阶段。

酝酿阶段（1910~1980）。20 世纪初，大量马克思的著作从日本传入朝鲜半岛。出于对日本殖民统治的反抗、对共产主义和朝鲜半岛独立解放的渴望，韩国学者开始研究马克思主义，因此韩国马克思主义思潮自产生之日起就具有强调民族解放、民族独立和民族精神的特征。② 1945 年 8 月，日本政府宣布战败并退出朝鲜半岛，原朝鲜抗日独立军所代表的共产主义思潮得以在半岛南部实现短暂延续。但是 1948 年 8 月，依靠美国政府的支持成立的

---

①　焦佩：《21 世纪韩国马克思主义研究的热点问题》，《学习与探索》2019 年第 7 期；焦佩：《挫折与重组：21 世纪韩国左翼思潮研究》，《国外理论动态》2020 年第 2 期；洪涛、韩志伟：《马克思主义在韩国传播与发展的历史和现状》，《国外理论动态》2020 年第 2 期；洪涛、韩志伟：《〈资本论〉在韩国翻译与传播的百年历程》，《国外理论动态》2021 年第 2 期。

②　정문길，「한국의 마르크스·엥겔스 연구：저작의 번역과 연구의 현황을 중심으로」，『문학과 사회』11（4），1998，p.1552.

大韩民国政府加入了冷战中的"美国阵营"。随后韩国相继出台了《国家安保法》等法令,导致马克思主义思潮在政界和学界都遭受重创,一大批马克思主义学者在学术界销声匿迹,或自愿"投北"开拓学术新地。

随后,所谓的"美国式"意识形态全面支配停战后的韩国政界与学界。政府当局将马克思主义著作列入"禁书目录",对于拥有者和阅读者按照叛国罪或通敌罪进行逮捕审问,从此马克思主义研究与传播陷入停滞状态。至此,"美国式"资本主义意识形态成为韩国政界的社会经济发展"理想蓝图",西方经济学的资本主义理念成为韩国学界的主流。

发展阶段(1980~1987)。1980 年 5 月的光州民主化运动标志着韩国各界对军人政权展开正面抗争,学生运动和工人运动让马克思主义重现光芒。

首先,光州民主化运动后,军政集团借机解聘了一大批左翼学者,这反而使他们摆脱了学界束缚,出版了一系列马克思主义相关论著,并设立了民间研究机构。其次,随着 20 世纪 70 年代韩国中等教育的普及化,为满足教育需求,韩国政府于 1981 年出台了《大学毕业定员制度》,扩大了招生数量同时扩充了教员储备,这为马克思主义学者进入大学任教提供了契机。①

此外,1985 年 10 月,《创作与批评》就韩国社会形态问题展开了学术论战,主要以马克思主义经济学理论和依附理论为理论依据。基于此,长期的"禁言"局面开始扭转,马克思主义经济学研究趁势冲破禁锢蓬勃发展。

全盛阶段(1987~1991)。1987 年韩国民主化运动全面爆发后,马克思主义传播主体从高校延伸至民间学术团体,有关马克思主义的研讨会、学会和研究所如雨后春笋般涌现。例如,学岘研究室下属的现代经济史学研讨组并入安秉直和李大根创立的落星台研究所;政治经济学(主要是马克思主义经济学)与韩国资本主义理论研讨组转移至汉城方背洞的研究室,于 1987 年 4 月发展成为韩国社会经济学会(Korean Association for Political Economy,한국사회경제학회,简称 KAPE),并创办了马克思主义经济学期

---

① 金秀行、郑云暎、朴永浩在韩信大学创立经济贸易学系培养政治经济学人才,国立首尔大学、高丽大学等高校开设马克思主义价值论与危机论的研究生课程,扩充了马克思主义领域的研究队伍,继而如尹邵荣、李英勋、康南勋等人加入韩信大学经济贸易学系,成立韩信经济科学研究所并举办马克思主义经济学学术研讨会,为后来韩国马克思主义的崛起埋下了种子。

刊《社会经济评论》。①

　　基于此，韩国马克思主义经济学的研究队伍逐渐形成，围绕马克思恩格斯著作的编译工作相继展开，使后来韩国马克思主义经济学的独立发展成为可能。

　　迷茫阶段（1991~1997）。随着 1989 年东欧剧变和 1991 年苏联解体，新古典经济学派和新自由主义提出了"历史终结论"和"全世界正在向美国型资本主义收敛"的假说，导致部分韩国马克思主义学者陷入自我质疑。② 为此，1992 年夏至 1997 年夏，郑云暎等创办了《理论》季刊，旨在挽救左翼阵营因苏联社会主义"崩溃"而面临的迷茫局面。③

　　重振阶段（1997~）。1997 年，韩国受到亚洲金融危机的重创，这让马克思主义重新受到关注，尤其是马克思的危机理论被政界与学界广泛引用，为弘扬马克思主义提供了时代契机。1999 年秋季，《进步评论》学术刊物重新拾起《理论》这一左翼流派的接力棒，在继承后者的办刊理念的基础之上，反对资本家任何形式的剥削、压制和排挤，为以马克思主义解决政治经济问题搭建了重要的理论交流平台。

　　2004 年 4 月，信奉《共产党宣言》的韩国民主劳动党成为国会第三大党并正式参与民主政治协商。④ 在此背景下，为科学建构马克思主义理论话语体系，韩国庆尚大学社科院于同年 5 月创办了学术期刊《马克思主义研究》，它不仅含纳了马克思主义文献学研究和社会现实问题批判的双重主题，而且有效稳固了马克思主义学术阵地。⑤

二　马克思主义思潮的四次转向

　　尽管韩国马克思主义长期处于被边缘化地位，但事实上一些学者从未放

---

① 변형윤, 『학현일지: 변형윤 회고록』, 서울: 현대경영사, 2019, pp. 234-241.
② 정성진, 「1987 년 이후 마르크스주의 경제학의 흐름」, 『사회경제평론』 29 (1), 2007, pp. 49-88.
③ 김수행, 『한국에서 마르크스주의 경제학의 도입과 전개과정』, 서울: 서울대학교출판부, 2004, pp. 57-59.
④ 陶文昭：《韩国民主劳动党的兴起》，《当代世界与社会主义》2007 年第 4 期，第 33 页。
⑤ 焦佩：《21 世纪韩国马克思主义研究的热点问题》，《学习与探索》2019 年第 7 期，第 33 页。

弃信念，即使在"禁言时期"仍捍卫马克思主义，这无疑丰富了当代韩国马克思主义经济学的理论储备。

（一）继承和坚守：基于马克思历史唯物主义研究韩国经济史

从韩国早期的经济史论著来看，几乎所有学者都采用了历史唯物主义视角。战后重建期，留日归国的学者带回了马克思历史唯物主义方法论，并运用到韩国经济史的研究中。例如，赵玑浚所著的《韩国经济史》（日新社，1962）把韩国的社会形态划分为"原始社会→古代社会→中世纪社会→近代社会"四个历史阶段，其中"近代社会"由"西欧文化的入侵、日据支配体制的确立、日据农业机构的成立及政策制定、近代货币制度的确立以及殖民地工矿业及政策"等内容组成。[1] 这部著作是韩国经济史研究的典范，高度强调了韩国的民族性对本土经济的影响。一方面，由于处在"禁言时期"，作者无法把反抗日本殖民地的斗争认定为阶级斗争，只能认定为民族解放运动，但这种研究范式是韩国学者在"禁言时期"坚持马克思历史唯物主义的有效路径。另一方面，这种研究范式批判西方经济学强调的个人效用最大化和利润最大化原理，以及方法论个人主义（methodological individualism），并把它们排除在韩国经济史的研究范式之外，使历史唯物主义在韩国经济史的相关研究中彰显之至。例如，较有影响力的赵玑浚的《新经济史》（日新社，1961）、金宗炫的《经济史》（经文社，1979）和《近代经济史》（经文社，1984）等论著都体现了这种研究范式。

但是，20 世纪 80 年代以后，深受新古典经济学派影响的留美博士回国后占据并支配了韩国高校的经济学讲坛，留日归国学者受到广泛冲击，"新经济史学"（New Economic History），或"计量经济史学"（Econometric History, Cliometrics）逐渐成为韩国经济史的研究主流，被认为与历史唯物主义支配的经济史研究形成明显对立。金宗炫指出，"新经济史学"继承了新古典经济学崇尚"个人主义"的经济学方法论，强调政治经济变化是由个人偏好来进行演绎的。其方法论基于新古典经济学理论对问题提出假设或展开理论重构，再利用数据进行计量分析和验证并完成研究。尽管其结论貌似建立在经济史一向主张的"科学的客观性"基础之上，但在理论演绎的过程中，

---

[1]　조기준，『한국경제사』，서울：일신사，1962，pp. 3-4.

其计量结果难以与理论层面的讨论完美结合。因此这种量化方法因不能解释政治经济的所有现象，或无法对长期的、动态的历史变化给予合理的解释而遭到质疑。①

如上文所述，由于马克思主义著作在"禁言时期"被列为禁书，韩国学者对马克思主义经典文本的研究和解读不足，但这些学者坚持马克思历史唯物主义，对韩国经济史和社会经济增长等进行了深入研究。他们利用对韩国经济史和社会现实问题的研究，实现了对韩国资本主义和新古典经济学研究范式的猛烈批判。

（二）提出和发展：韩国农业经济学

韩国在重建期因农业经济发展引发了内部矛盾，如地主和小农的关系、小农的财富积累、农作物价格、农村的"潜在失业"以及农业人口弃农进城等。许多经济学者意识到，解决韩国本土的农村问题，无法脱离或者越过马克思主义政治经济学理论。可以说，马克思主义农业经济学在韩国的兴起，是农业经济发展的内在要求和必然趋势。

一方面，西方经济学的影响不断扩大，有韩国学者认为，只要仿照西方国家制度、完善市场经济制度、开放国内外市场以及引进竞争机制，就可以实现韩国本土经济的快速增长。但是，当时韩国的经济结构以小农经济为主，传统农业部门的数量远远超过工业部门，所以不能完全依照资本主义生产方式进行。为此，必须研究韩国农业经济的内在矛盾和原因，寻求正确的解决方案。② 另一方面，日本马克思主义劳农派和讲座派关于日本农业问题的论战，也让韩国学者获得了启示。③ 基于此，他们依照马克思主义经济学理论，对韩国农业经济学和国民经济的关系进行了系统考察，分析了资本主义和本土农业之间的关系，并提出了政策建议，促进了马克思主义农业经济学的发展。

在农业政策方面，马克思主义者们为了改善地主和小农的关系，主张进

---

① 김종현，『경제사는 어떠한 학문인가?』，『경제론집』36（1），1997，pp. 1–26.
② 박근창，『농업경제학』，서울：일조각，1959，서문부분.
③ 伊藤誠，『가치와 공황：일본의 마르크스주의 경제학』，김수행 역，서울：비봉출판사，1988，pp. 15–18.

行农地改革立法。① 同时，在美国剩余农产品进口、农业机械化和农业协作、政府的秋谷收买制度、农业协会的民主化以及农产品价格等方面，韩国马克思主义学者均提出了可行性方案。② 此外，韩国马克思主义农业问题研究会为解决工业化过程中的农业经济问题提出了农业发展理念，并推动了农民运动。③

伴随着韩国的工业化和城市化，农村土地的价格快速上涨，这让垄断资本看到了商机，并加强了对农村土地的支配和垄断，同时韩国垄断资本和国家权力相结合形成国家垄断资本主义，进而支配了大片的林野和综合用地，影响到农业用地的合理开发；加上同期农业金融机构看到地价上涨会减少农民负债率而积极推动土地的金融化，导致了农村土地开发收益私有化、贷款担保率飙升、金融实名制纳入土地制度等经济现象的发生。此时的农民对农耕土地有了新的认识：土地不仅是生产资料，而且是具有较强融通功能的投资品。为此，韩国马克思主义农业经济学者提出了通过立法强化农业用地作为生产资料的定位，让农业用地摆脱资产定位，从提高农作物收成的角度制定农业用地的制度等解决方案。④

如上所述，韩国马克思主义农业经济学分析了韩国本土的农业结构、农村发展和农民之间的内在矛盾。之后，伴随韩国工业化和城市化的迅猛发展，农业在产业结构中所占比重逐年减少，韩国马克思主义农业经济学的研究逐渐转向农民弃农进城、农村老龄化等问题。

（三）解构与探索：依附理论和民族经济理论

20 世纪 80 年代，韩国经济结构发生了巨大变化，形成了对外开放的经

---

① 유인호，『한국농지제도의 연구: 토지조사사업과 농지개혁의 성격 분석』，서울: 백문당，1975; 주종환，「한국의 현행농지제도에 관한 고찰」，『농업정책연구』3 (1)，1976，pp. 59-75.

② 유인호，『한국농업협업화에 관한 연구: 농업경제』，서울: 한국경제원，1967; 김병태，「농업의 기계화에 필요한 경영형태와 사회경제제도」，『사회과학』2，1976，pp. 55-80; 김병태，「한국 협동조합의 발자취: 농협은 진정 농민의 농협인가?」，『농원』52，1970，pp. 28-34; 주종환，「비교우위론의 적용한계: 한국농업의 경우」，『경제학연구』27，1979，pp. 22-31.

③ 1985 年，韩国马克思主义农业问题研究会与韩国农业近代化研究会合并为韩国农渔村社会研究所。

④ 황한식，「자본의 토지지배와 지대법칙」，서울대학교박사학위논문，1991; 김홍상，「현대토지문제에 대한 지대론적 해명: 마르크스의 지대이론을 중심으로」，서울대학교박사학위논문，1992; 김병태，『토지경제론』，서울: 백산서당，1992.

济体制，不仅外国商品、资本、技术大量流入韩国本土，而且外国的经济理论也涌入了韩国学界。其中，作为马克思主义的一个重要理论即"依附理论"，成为韩国理论界探讨的热点话题。[①]

  首先，韩国马克思主义学者对依附理论进行了批判性解构。第一，韩国学者指出，安德烈·冈德·弗兰克（Andre Gunder Frank）于 1966 年发表的《不发达的发展》讨论了第三世界不发达的问题，并对弗兰克关于外围（发展中国家）向中心（发达国家）流动的解释框架表示赞同。[②] 在此基础上，他们对发展中国家内部的生产方式、积累体制、阶级结构和阶级斗争受到发达国家支配的观点进行了追问。同时，他们研究了发展中国家如何强化其内部的军事、政治、经济、文化对买办势力的依附性（如官僚威权主义国家、垄断资本），如何将这种依附性转嫁至被压迫阶级（民族资本、中小资本、劳工、农民、城市贫民）。[③] 第二，韩国学者对阿吉里·伊曼纽尔的"不平等交换理论"关于流通过程中剩余价值的观点进行了批判。阿吉里·伊曼纽尔根据《资本论》第三卷有关国际交换问题的分析讨论了"一般利润率的形成与商品价值转化为生产价格"，提出了在国际平均利润率和国际平均生产价格影响下，发展中国家生产创造的剩余价值更多地被转移至发达国家。[④] 然而，国际贸易体系实现平均利润率的前提必须适用于发达国家与发展中国家之间的资本流动，关于此，韩国学者认为伊曼纽尔未能提供足够的证据。[⑤] 依据伊曼纽尔强调的国际贸易体系的平均利润率，尽管剩余价值转移至发达国家，发展中国家的利润率（根据资本膨胀）会和发达国家相同，但韩国学者认为这与剩余价值的流出深化了发展中国家的发展程度减弱结论不符。第三，发展中国家的自主、自立的可能性和路径依赖建立在发展中国家发展程度不断减弱的命题之上，以及发达国家持续发展和发展中国家停滞

① 이대근,「종속이론의 한국화과정」, 청암 화갑기념문집 편집위원회 편『청암 송건호선생 화갑기념문집』, 서울 : 두레, 1986, pp. 169-170.

② 조용범,「종속이론 수용의 현단계」,『정경문화』197, 1981, p. 143.

③ 최장집,『한국자본주의와 국가』, 서울 : 한울, 1985 ; 김진균,「제 3 세계와 한국의 사회학 : 현대 한국사회론」, 서울 : 돌베개, 1986 ; 박현채, 이대근, 최장집,『한국자본주의와 사회구조 : 한국사회분석의 새로운 모색』, 서울 : 한울, 1987.

④ Arghiri Emmanuel, *Unequal Exchange : A Study of the Imperialism of Trade*, Monthly Review Press, 1972, pp. 42-43.

⑤ 이대근, 정운영,『세계자본주의론』, 서울 : 까치, 1984.

不前乃至倒退的思考方式之上，但韩国学者认为这样的命题和思考方式缺乏足够的理论基础，由于发展中国家的剩余价值持续遭到掠夺，其剩余价值的生产方式必然发生变化。

其次，在依附体制的发展中，韩国作为发展中国家能否摆脱依附性实现民族自立发展？关于此，韩国马克思主义学者朴玄埰在依附理论的基础上提出了"民族经济理论"，对该问题进行了深入探讨。① 虽然该理论受到了丁声镇的严厉批判，② 但柳东民认为朴玄埰的研究实现了以下突破：朴玄埰采用了马克思主义经济学的研究范式，通过对阶级矛盾和新殖民地体制下的民族矛盾、韩国的民族独立和自主意识的分析，得出了"为了解决阶级矛盾和民族矛盾，必须确立政治民主"的结论，清晰地梳理出了阶级矛盾、民族矛盾和政治民主三者之间的关系。③

最后，梁禹镇基于"民族经济理论"，阐释了韩国的政治、军事、社会和经济的关系，认为20世纪80年代中叶，韩国的军政府和左翼知识分子阵营相互对立。④ 军政府和经济官僚认为，在经济开放初期，威权主义政权有利于引进外资和增加出口，从而促进经济发展。相反，左翼知识分子阵营批判这种经济发展模式，认为它会进一步扩大和深化对发达国家的依附性，朴正熙政府提出的"确立民族自立、促进经济增长"的经济政策，不过是用来掩盖其威权主义并使其合法化的幌子，因此应正视韩国本土对世界经济的依附性问题，防止外债危机的爆发。⑤

如上所述，韩国马克思主义学者通过对"依附理论"的解构和批判，提出了"民族经济理论"，对军人独裁政权进行了批判。他们认为，依附理论未对以下三个问题做出合理的解释：没有对所谓的发展中国家进行合理界定；没有说明发达国家剥削了发展中国家的剩余价值后，如何又限制了劳动力流动，例如劳务输出；没有说明发展中国家通过何种路径可以实现自主自立。而"民族经济理论"研究并回答了上述三个问题，着重说明了民族矛

① 박현채，『민족경제론：박현채평론선』，서울：한길사，1980.
② 정성진，「민족경제론의 제문제」，김진균 편 『산업사회연구』 1，서울：한울，1986.
③ 류동민，「민족경제론의 형성과정에 관한 연구」，『경제와 사회』 56，2002，pp.217-241.
④ 양우진，「현대 한국자본주의 발전과정 연구：국가자본주의 국면의 형성과 해체의 관점에서」，서울대학교박사학위논문，1994.
⑤ 김수행，『한국에서 마르크스주의 경제학의 도입과 전개과정』，서울：서울대학교출판부，2004，p.36.

盾、阶级矛盾和政治民主三者之间的关系，为对抗外国资本的任意掠夺、实现民族经济自立提供了重要的理论基础。①

（四）重构与深化：韩国社会形态理论

随着20世纪80年代中后期工人、学生、农民等群体接连不断发动抗争运动，关于韩国社会形态与阶级结构的研究逐渐成为学术界讨论的焦点，并出现了"仁者见仁智者见智"的不同理论和观点，其中最有影响力的是"新殖民地国家垄断资本主义理论""殖民地半封建社会理论""新兴资本主义理论"。这些理论之间相互论战，促进了韩国的马克思主义本土化研究。

首先，"新殖民地国家垄断资本主义理论"的代表人物主要有尹邵荣、李炳天等，他们在对"依附理论"进行批判的基础上，以20世纪六七十年代韩国社会发展和垄断资本的形成作为现实依据，主张韩国的社会形态是"新殖民地国家垄断资本主义"。② 该理论认为，在韩国资本主义"生产社会化"（socialization of production）的发展过程中，表现出新的社会经济特征即"国有化"和"计划化"。但是，即使国家和垄断组织相结合，也无法避免国家干预和资本主义私有制之间的矛盾，反而会加强垄断资本对工人阶级的剥削，深化资本主义政治和经济之间的矛盾。同时，劳动解放和人的解放作为新社会最重要的革命目标，与国家垄断资本主义的"国有化"和"计划化"相矛盾，这必然伴随资本主义的矛盾和危机不断深化。所以需要对资本主义危机的爆发形态和解决方式进行分析，对自由资本主义向垄断资本主义、一般垄断资本向国家垄断资本的过渡问题进行分析。不能单纯从经济发展的必然性角度进行把握，应将经济、政治、意识形态现实全部考虑在内。③

其次，以张时元等为代表的学者提出了韩国的社会形态是"殖民地半封建社会"的理论，并坚信"民主基地在朝鲜"。④ 这种理论观点在基层民

---

① 염홍철，『다시 읽는 종속이론』，서울：한울，1998.
② 윤소영，「식민지반봉건사회론과 신식민지국가독점자본주의론：국제운동사에서의 논쟁을 중심으로」，출판사 편 『현실과 과학』 2，서울：새길，1988，pp.140-180；이병천，「신식민지국가 독점자본주의의 이론구조」，『사회와 사상』 2，1988，pp.186-208.
③ 박도영，안현효，「『현실과 과학』의 현실인식 방법론：독점강화·종속심화론의 '정치경제학' 비판」，『사회와 사상』 26，1991，pp.188-208.
④ 瀨藤浩司，『식민지반봉건사회론』，장시원 편역，서울：한울，1984，p.425.

众争取生存权利的抗争过程中，在反对外部势力和反抗美帝国主义的运动中，在民众反抗韩国集权阶层、国内财阀资本的劳资谈判中，都发挥了重要作用。

最后，以安秉直为代表的部分经济史学者提出了韩国的社会形态是"新兴资本主义"的理论，他们认为韩国是朝着发达资本主义国家迈进的新兴资本主义国家。事实上，这种观点对左翼阵营提出的"韩国经济依附理论"进行了否定，在一定程度上也分化了左翼阵营。[①]

但是，"新殖民地国家垄断资本主义理论""殖民地半封建社会理论""新兴资本主义理论"在解释韩国现状时，存在共通的理论盲点。第一，"新殖民地国家垄断资本主义理论"过分强调韩国社会正在或将要步入某一种类型的资本主义，一旦发现韩国不是朝着预测的资本主义类型迈进，则对韩国的现实进行否定，从而容易陷入被主观视角混淆并支配的理论窠臼，容易造成对韩国现实社会经济能动性的全盘否定。第二，对待"何为"或"为何"到达某种资本主义类型缺少科学客观的分析，存在固化的理论倾向，即将韩国这样沦为殖民地或从属国的国家贴上永久性"发展中国家"的标签，或将发达国家的优势延长至无限未来，并僵化地认为对待发达国家强化垄断和发展中国家深化依附之间的矛盾，只有爆发经济危机才能解决矛盾的悲观态度，等等。第三，"新殖民地国家垄断资本主义理论"认为，未来韩国社会的发展将以经济主义为导向，甚至认为强化垄断与深化依附会导致新殖民地极端主义膨胀。然而，自 1993 年金泳三政府以来，推行政治选举制度与民主政治协商制度，表明韩国已经实现了政治民主化，说明该理论具有局限性。[②]

由此，为了完善韩国的"社会形态理论"可以从以下几个方面寻找突破。首先，应该基于韩国对帝国主义的依附性进行系统性分析，重新审视"深化依附"与"强化帝国主义对韩国经济的垄断"之间的关系。所谓的"深化依附"就是帝国主义对（新）殖民地的掠夺和转移，就是扩大殖民地国家剩余价值向帝国主义国家的流出，这凸显了作为（新）殖民地国家的

① 안병직，「중진자본주의로서의 한국경제」，『사상문예운동』2，1989，pp. 8-29.
② 김수행，『한국에서 마르크스주의 경제학의 도입과 전개과정』，서울：서울대학교출판부，2004，pp. 37-42.

韩国和帝国主义国家之间的结构性矛盾和危机，即韩国的剩余价值流入帝国主义国家，帝国主义国家却将危机转嫁至韩国国内，让被压迫民众的生活状况进一步恶化。为此，应该更加关注韩国在资本国际化趋势和生产国际化以及国际分工中面临的危机和矛盾。

其次，对于作为（新）殖民地的韩国被帝国主义支配的原因，应该对韩国大部分国内资本被帝国主义单向地掠夺的形势进行深刻分析。帝国主义对韩国的支配和掠夺造成韩国资本主义的发展相对停滞或陷入经济危机。同时，韩国国内资本依靠外国资本在韩国形成资产阶级统治的结构，激化了国内资本和劳动者之间的矛盾和冲突。

最后，支持"新兴资本主义理论"的学者认为，现实中韩国对帝国主义的依附性将逐渐弱化、自立性将逐渐增强。无疑，"新兴资本主义理论"没有站在韩国工人阶级的立场上，这成为该理论的最大局限性。为此，应该强调马克思主义经济学关于阶级的分析方法，站在工人阶级的立场上，对帝国主义支配韩国进而支配韩国工人阶级的问题进行深刻批判，强调从阶级分析视角剖析韩国的民族问题。[1] 诚然，上述三个理论通过对韩国社会形态的探讨，深化了对国家、资本主义、民族主义的研究。无论把韩国定性为"殖民地"、"落后国家"还是"新兴资本主义国家"，它们都强调了"民族主义"和"国家主义"的作用。与朴玄埰提出的"民族经济理论"强调民族主义革命不同的是，尹邵荣等人提出的"新殖民地国家垄断资本主义理论"更强调社会主义革命才是韩国社会发展的最高纲领。[2]

以上指出了韩国社会形态的三个代表性理论的理论特征、相通之处、不同之处和理论局限性，同时也指明了韩国马克思主义未来应有的研究内容，为马克思主义理论和韩国实践的进一步结合与深化，为树立对西方经济学猛烈批判的坚定立场，指明了方向。

三 结语与讨论

20 世纪的韩国马克思主义经历了沉淀与蜕变，学者们勇担时代赋予的

---

① 양우진, 홍장표, 「한국 자본주의 분석」, 서울: 일빛, 1991, pp. 7-9.
② 안현효, 「한국 사회성격논쟁의 현재성: NLPDR 에서 신자유주의까지」, 『현대사상』9, 2011, pp. 8-9.

使命任务，坚持使用历史唯物主义方法论研究韩国的经济史，分别对韩国农业经济、依附理论、民族经济理论、韩国社会形态理论进行了探索，这实际上也是韩国马克思主义本土化的四次尝试。对此，我们得出以下结论。

第一，从形成缘起和发展脉络来看，自 1910 年朝鲜半岛沦为日本的殖民地至二战结束，韩国的马克思主义研究与反抗日本的殖民统治、强调民族独立的精神相融合。二战后由于全球冷战，韩国作为"反共"的前线，"反共"的意识形态极大地削弱了原有的民族独立性，加上军人执政的"禁言时期"，把马克思主义著作列为禁书，阻碍了韩国马克思主义的发展。但韩国马克思主义学者坚持使用马克思历史唯物主义解释韩国的经济史，充分利用二战后重建农业经济的契机，深入研究农村问题和阶级矛盾，积极讨论韩国对帝国主义的依附性造成的内部劳资矛盾。冷战结束后，认同西方经济学思想的留美归国博士占据了高校讲坛，并在政府部门出任要职，导致新古典经济学和新自由主义盛行，马克思主义被极度边缘化，影响了其正常发展与传播，但依然未能动摇马克思主义学者们使用马克思主义经济学批判韩国资本主义发展模式、推动韩国马克思主义本土化发展的坚定信念。

第二，苏联解体使韩国的马克思主义学者们受到了冲击，一度陷入自我质疑、分流或转向其他研究领域的境地。然而，长期的政治打压和学界束缚造成的边缘化地位也无法阻碍他们在马克思主义文本解读和实践研究方面的进步，让他们在接下来面对亚洲金融危机时，能够充分依靠文本解读构建马克思主义理论话语体系，并实现了对当代资本主义社会的猛烈批判。同时，通过对韩国社会形态的深入讨论，韩国马克思主义学者坚定了提倡民主政治、批判当今"政治经济秩序"和西方经济学的立场，也为韩国面临的"资本积累""基本所得""贫富差距""环境保护"等问题提供了真知灼见。例如，韩国庆尚大学社科院于 2004 年创办了《马克思主义研究》学术期刊，为解决上述难题、搭建学术平台、促进学术交流发挥了重大作用。[①] 关于此，因篇幅所限，我们将在另外的论文中深入探讨。

---

① 박지웅，「2007 년 이후 한국사회경제학회의 연구동향과 진로」，『사회경제평론』 31
(1)，2018，p.40.

历史与文化

文庙祭礼变动与朝鲜道统谱系的确立[*]

——以宋六儒为中心

李　佳

【内容提要】 不晚于朝鲜世宗十二年（1430），周敦颐、程颢、程颐、张载、邵雍、朱熹，即宋六儒已经从祀于朝鲜文庙。朝鲜肃宗四十年（1714），宋六儒升配于大成殿，形成朝鲜文庙独有的"十六哲"配享序列。朝鲜王朝致力于提升宋六儒的地位，与宋六儒比附方得入祀的东国贤儒，及其所表征的朝鲜王朝权威亦随之上升。抵至20世纪中叶，宋六儒配享制度受到冲击，周敦颐、程颐、张载与邵雍四人被移出大成殿，不久之后复入。这说明宋六儒是朝鲜道统谱系的重要组成部分，已经成为朝鲜半岛儒学传承的一种象征。

【关键词】 宋六儒　道统　朝鲜　文庙

【作者简介】 李佳，历史学博士，吉林大学文学院中国史系教授。

　　道统，历来是一个被思想史家、政治史家讨论甚多的话题。它渊源甚古，经由韩愈、朱熹等人阐述其脉络，构成一种表述中国古代儒学传承关系的叙述模式，又与政治权力扭结一处，唐宋以降演变为一种带有官方权威的话语体系。考察道统观念官方化的历程，文庙从祀制度无疑发挥了重要作用，具体言之，文庙从祀制度将参与塑造道统谱系的国家政治权力神圣化，并辐射

---

　　*　本文为教育部2020年度人文社科青年项目"朝鲜半岛孔庙祭礼与中朝礼秩关系形成与发展研究（992~1800）"（项目号：20YJC770016）的阶段性成果。

至天下语境。进入 14 世纪，道统观念随朱子学一道东传朝鲜，并在随后的几个世纪中深刻影响了朝鲜文庙祭礼的变动，直至 20 世纪中叶，仍然构成儒家学者争论的重要议题。本文以中国宋六儒即周敦颐、程颢、程颐、张载、邵雍、朱熹入祀朝鲜文庙问题为讨论对象，揭示文庙祭礼在何种意义上影响朝鲜王朝道统谱系的生成，又在何种意义上成为儒家文化在朝鲜半岛的重要象征符号。①

一 宋六儒从祀朝鲜文庙

南宋绍熙五年（1194），朱熹自潭州知州任上返回建阳考亭，修筑竹林精舍（后改名为沧州精舍），亲率诸生举行释菜礼。朱熹门人详细记载了这次祭礼中被祭祀诸人的位次：

> 宣圣像居中，兖国公颜氏、郕侯曾氏、沂水侯孔氏、邹国公孟氏西向配北上。并纸牌子。濂溪周先生东一，明道程先生西一，伊川程先生东二，康节邵先生西二，司马温国文正公东三，横渠张先生西三，延平李先生东四。从祀。亦纸牌子。②

在这次释菜礼中，朱熹构建了孔子、颜子、曾子、子思子、孟子，又延至周敦颐、二程、邵雍、司马光、张载与李侗的"道统"谱系。淳祐元年（1241），此时朱熹已经去世四十余年，宋理宗下诏将周敦颐、张载、程颢、程颐、朱熹五人从祀文庙，诏云：

> 朕惟孔子之道，自孟轲后不得其传，至我朝周敦颐、张载、程颢、

---

① 关于朝鲜王朝道统观与文庙祭礼之间的关联性问题，学界已经推出一些重要研究成果，如陈尚元：《朝鲜中期道学正统系谱形成与文庙从祀》，《韩国史研究》2005 年第 3 期；金泳斗：《朝鲜前期道统论的展开与文庙从祀》，韩国西江大学博士学位论文，2006；禹景燮：《宋时烈的道统论与文庙厘正的议论》，《韩国文化》2006 年第 6 期；蔡至哲：《吾道之东——朝鲜儒者对"后朱子时代"道统系谱的建构》，《台湾东亚文明研究学刊》第 16 卷第 2 期，2019 年 12 月。截至目前，学界尚无将"宋六儒"视为一个整体并以此为视角审察朝鲜道统谱系形成理路的研究成果，本文试做讨论。

② 黎靖德辑《朱子语类》卷 90《新书院告成》，《朱子全书》，上海古籍出版社，2002，第 17 册，第 3028 页。

程颐，真见实践，深探圣域，千载绝学，始有指归。中兴以来，又得朱熹精思明辨，表里混融，使《大学》《论》《孟》《中庸》之书本末洞彻，孔子之道，益以大明于世。朕每观五臣论著，启沃良多，今视学有日，其令学官列诸从祀，以示崇奖之意。①

咸淳三年（1267），宋度宗又下诏将邵雍从祀文庙。② 至此，本文所要讨论的周敦颐、程颢、程颐、张载、邵雍、朱熹六人皆已经进入文庙两庑从祀。

那么，宋六儒又是何时进入朝鲜文庙的呢？早在高丽忠烈王二十三年（1297），安珦就已经"筑精舍于居第后，奉安孔、朱二夫子真"，且云："晦庵功足以配仲尼"。③《高丽史节要》云："（安珦）晚年常挂晦庵先生真，以致景慕之意，遂号晦轩"。④ 但是，成书于朝鲜文宗元年（1451）的《高丽史》明确记载了高丽文庙从祀位次，此中并没有宋六儒。⑤ 直到《朝鲜世宗实录》中的"五礼"部分，官修典志才第一次出现宋六儒从祀朝鲜文庙的记载：

> 豫国公程颢东四十九，新安伯邵雍东五十……魏国公许衡东五十三，在东廊，并西向北上……道国公周敦颐西四十八，洛国公程颐西四十九，郿伯张载西五十，徽国公朱熹西五十一，吕祖谦西五十二，在西庑，并东向北上。弘儒侯薛聪、文昌侯崔致远、文成公安珦在西廊，并北向西上。⑥

朝鲜世宗于1418~1450年在位，上述引文是笔者查到的最早明确记载宋六儒从祀朝鲜文庙的一条史料。除"五礼"外，《朝鲜世宗实录》中还有如下两条记载值得关注：世宗十二年（1430），礼曹启："文宣王释奠祭，

---

① 脱脱等：《宋史》卷42《理宗本纪》，中华书局，1977年标点本，第821页。

② 脱脱等：《宋史》卷105《文宣王庙》，中华书局，1977年标点本，第2554页。

③ 安在默：《晦轩先生实纪》卷1《年谱》，首尔大学奎章阁藏本，第14页。

④ 金宗瑞：《高丽史节要》卷23《忠烈王三十二年九月》，首尔大学奎章阁藏本，第4页。

⑤ 郑麟趾等：《高丽史》卷62《文宣王庙》，首尔大学奎章阁藏本，第38册，第27~29页。

⑥ 《朝鲜世宗实录》卷128"神位"，韩国国史编纂委员会，1955~1963年，第5册，第176页。

正配五位，从享十位，东西庑从祀一百八位"；① 世宗十六年（1434），礼曹启："释奠祭，东西庑献爵始于殿内终献之时，故东庑五十三位，西庑五十五位，各一献官奠爵后，各行再拜，行礼太迟"。② 第一条史料中提到的"一百八位"正合于第二条史料中提到的"东庑五十三位，西庑五十五位"相加之数。此外，前引《朝鲜世宗实录》"五礼"明确记载"许衡东五十三"与"吕祖谦西五十二"，且提到"弘儒侯薛聪、文昌侯崔致远、文成公安珦在西廊"，即东庑五十三人，西庑五十五人。故此，可以断定至迟在世宗十二年（1430），宋六儒已经从祀于朝鲜文庙。

事实上，宋六儒从祀文庙并不是朝鲜世宗突然性的举措。权近（1352~1409），受学于丽末著名儒生李穑，是鲜初著名儒臣，他在《新刊释奠仪式跋》中叙述了朱熹沧州释菜礼进入朝鲜官方礼书的过程：

> 古者释奠于学，其礼极简，其详不传也。自唐有开元礼，宋有政和新仪，然亦废坠，多莫之行。紫阳朱文公每叹于此，屡请举行，且有志于改正其节次，而卒莫之就。宁国府学所刊仪式，乃先儒孟君之缉取紫阳释奠仪、湖学冕服图释为一编，而《释奠须知沧州释菜仪》并载于后，其神位向背，器服制度与夫登降酌献之仪无不备载。独所谓紫阳仪者，亦因开元之旧，文公尝欲改正而未就者也。逮及庚辰（1400）之岁，全罗道观察使咸公悼州县释奠之失仪，报闻于国，求得仪文于成均，将镂诸梓，以嘱府尹柳公，公亦乐从之。未几，廉使赵公代咸公继至，董功益力。时判官许君尝在成均，讲究是礼甚悉者也，观其所得仪文未全，乃白赵公，更报于国，始得宁国全文以刊。又以元朝至元仪式附之，是其节次先后于文公所欲改正者，盖庶几焉，故今成均遵用之。以是附于宁国之书，释奠礼文粲然咸备，悉为成书，可传于后。③

就笔者掌握的材料来看，在 13 世纪末，高丽儒家学者已经开始私下祭

---

① 《朝鲜世宗实录》卷 49，世宗十二年九月甲寅，第 3 册，第 260 页。
② 《朝鲜世宗实录》卷 65，世宗十六年七月癸巳，第 3 册，第 580 页。
③ 权近：《阳村先生文集》卷 22《新刊释奠仪式跋》，韩国民族文化推进会《影印标点韩国文集丛刊》本，1990，第 7 册，第 224 页。

祀朱熹。在 14 世纪与 15 世纪之交，以朱熹沧州释菜礼为主要依据的《新刊释奠仪式》已经在朝鲜刊行。不晚于朝鲜世宗十二年（1430），宋六儒已经从祀于朝鲜文庙，且载在祀典，这构成朝鲜文庙祭礼的重要变动。

二 东国贤儒与宋六儒的比附

早在高丽时期，中国的文庙从祀制度就已经被引入朝鲜半岛，崔致远、薛聪、安珦作为本国贤儒，先后入祀文庙。丽鲜更迭后，郑梦周、李滉等十五人入祀文庙，最终形成"东国十八贤"谱系。① 此中，崔致远从祀于高丽显宗十一年（1020），薛聪从祀于高丽显宗十三年（1022），二人皆为早于朱熹（1130～1200）时代之人，安珦从祀于高丽忠肃王六年（1319），当时宋六儒尚未从祀朝鲜文庙，故而此三人的从祀缘由与宋六儒无关。

自朝鲜世祖朝以降百余年间，不断有士人要求从祀丽末儒臣郑梦周（1337～1392），在陈述应予从祀的理由时，将郑梦周的传道之功比附于周敦颐与二程。中宗十二年（1517），诸臣云：

> 惟幸皇天眷佑，乃生儒宗郑梦周于丽季，研究性理，学海渊博，默会奥旨，暗合先儒，忠孝大节，耸动当世，制丧立庙，一依《家礼》。文物、仪章皆其更定，建学设校，丕兴儒术，明斯道，启后学，东方一人而已。比学周、程，诚亦有级；比功周、程，殆有同焉。②

相对于郑梦周被比附为周敦颐与二程而言，朝鲜中期的儒臣李滉（1501～1570）则往往被比附为朱熹。如南景羲言："惟念道统之名，至严至重，名贤硕儒何代无之，而得与于此者寡矣。盖群圣之道，集大成于孔子；

---

① "东国十八贤"：崔致远（1020）、薛聪（1022）、安珦（1319）、郑梦周（1517）、李滉（1609）、金宏弼（1610）、郑汝昌（1610）、赵光祖（1610）、李彦迪（1610）、李珥（1682）、成浑（1682）、金长生（1717）、宋时烈（1756）、宋浚吉（1756）、朴世采（1764）、金麟厚（1796）、赵宪（1883）、金集（1883）。括号内年份为从祀文庙时间。

② 《朝鲜中宗实录》卷 29，中宗十二年八月庚戌，韩国国史编纂委员会，1955～1963 年，第 15 册，第 308 页。

诸儒之学，集大成于朱子；东方之学，集大成于李滉。"①

在宋六儒中，周敦颐、程颢、程颐、张载、邵雍与朱熹诸人或为师承关系，或为同门，或为学友，他们之间的学缘关系成为朝鲜士人一再比附的内容。尤其是谈及金长生、宋时烈、宋浚吉等人时，着重强调与李滉、李珥等人的师承关系。

先正文靖（金麟厚），即我东之周子也，两程、张、朱先侑圣庙，而使周子独漏于从祀之列，在两程、张、朱之心，安乎？否乎？②

文元公金长生，以先正臣李珥之门人，授受渊源之正，实犹勉斋（黄干）之于朱子也。③

朱子之后，吾道既东，前朝臣郑梦周倡之于前，先正臣赵光祖、李滉、李珥继之于后，而长生实传于李珥之门，授之于先正臣宋时烈、宋浚吉。其所以上承下接，有功斯道者。④

噫！今以三贤臣言行事迹观之，气味志业相同，譬如宋朝之明道、伊川、横渠同时并生，共为斯文之宗主，后学之尊慕景仰，岂有先后彼此之殊哉？并举跻祔之典，同享俎豆于圣庑，可谓竢百世而不惑。⑤

郑梦周在朝鲜中宗十二年（1517）从祀文庙，开启了朝鲜从祀东国人物先河。李滉在光海君元年（1609）从祀文庙，则开启了朝鲜从祀本朝人物的序幕。此后，朝鲜士人又不断要求从祀朝鲜王朝的儒家学者，至朝鲜光海君二年（1610），金宏弼、郑汝昌、赵光祖、李彦迪四人从祀文庙，与李滉一并被称为朝鲜五先生，这五人在朝鲜士人的语境中被视为东国道统谱系的核心人物，被比附为宋朝周敦颐、张载、二程与朱熹。

---

① 南景羲：《痴庵集》卷3《请四先生升庑疏》，韩国民族文化推进会《影印标点韩国文集丛刊续》本，2008，第101册，第631页。
② 《朝鲜正祖实录》卷45，正祖二十年九月己未，韩国国史编纂委员会，1955～1963年，第46册，第672页。
③ 金寿恒：《文谷集》卷17《文庙从享升黜再议》，韩国民族文化推进会《影印标点韩国文集丛刊》本，1993，第133册，第326页。
④ 尹凤九：《屏溪集》卷6《代太学儒生郑观河等请沙溪先生从祀文庙疏》，韩国民族文化推进会《影印标点韩国文集丛刊》本，1998，第203册，第140页。
⑤ 《朝鲜肃宗实录》卷61，肃宗四十四年二月乙巳，韩国国史编纂委员会，1955～1963年，第46册，第7页。

五先生比宋朝五贤一段，盖举其气像事业之略相似而拟之。①

五星聚室后，十三年丙申，栗谷李先生（李珥）生于东方，沙溪（金长生）、尤庵（宋时烈）继作，而孔、朱之统至是复传。而一时同德之贤、及门之士群起辈出，道学大明，媲美有宋五星之聚，殆天眷佑我东，以启其文明之运也欤，斯言有理。②

通过上文的梳理可见，朝鲜王朝在讨论是否从祀本国学者的语境中，有意识地将个人乃至群体与宋儒比附，这种比附事实上是以朱熹为核心，推崇并宣扬了朱熹沧州释菜礼，乃至南宋文庙从祀制度所倡导的道统谱系。宋时烈门人李翔言，"其得配飨于圣庙者，除非道统所传，则不敢与焉，此为必然之理"。③ 在某种意义上而言，这种与宋儒的比附，已经构成东国贤儒生成的一种特定模式。之所以在朝鲜王朝的文庙祭礼层面出现这种现象，其实与朝鲜作为儒家文化输入国的角色密切相关，对朝鲜士人而言，四配、十哲、七十子皆远不可追，于是，丽末鲜初传入的道统观念逐渐演化为朝鲜王朝文庙祭礼变动的重要理论渊源，朝鲜君臣尤为关注并推崇宋六儒，将其定位为儒家道学传承的载体，并以比附的方式确立了本国的道统谱系。

三　宋六儒升配大成殿

宋六儒在南宋时从祀文庙，位在汉唐诸儒之下。朝鲜王朝起初仿效中国礼制，亦将宋六儒从祀文庙两庑。但是，早在朝鲜宣祖时，就已经出现希望提升周敦颐诸人位次的声音。宣祖七年（1574），朝鲜使臣赵宪与明朝礼部官员钱拱辰有过如下一番对话：

赵宪："濂溪、明道、伊川、晦庵俱生绝学之余，远接洙泗之统，

---

① 宋秉璿：《渊斋集》卷7《答金心一》，韩国民族文化推进会《影印标点韩国文集丛刊》本，2004，第329册，第136页。
② 宋时烈：《宋子大全》附录卷19《记述杂录》，韩国民族文化推进会《影印标点韩国文集丛刊》本，1993，第115册，第587页。
③ 李翔：《打愚先生遗稿》卷4《文庙从享升黜议》，韩国民族文化推进会《影印标点韩国文集丛刊》本，1993，第124册，第186页。

使后之学者心开目明，而万古纲常不坠于地。靡四子，今岂有今乎？度其德，则固不在七十子之后，而言其功，亦不下于孟氏。疑若升祀乎配享之列，而犹齿于文中安定之下者，抑有何意乎？"

钱拱辰："周、程、朱四子功诚大，然秪是翼经之业，去及门之徒尚远，不得升在配享。"①

朝鲜仁祖四年（1626）六月，礼曹官员启曰：

> 七十子则中朝俱称先贤，周、程、张、朱则并称先儒，殊甚无别。周、程、张、朱接千载不传之绪，功不在孟子之下，而只以年代之晚，邈在两庑之末，诚为欠典。圣庙，道德之会，不当以时代先后之也。如此节目，不必尽从中朝之制，称以先贤，升于殿上为宜，而如以地窄为难，则坐于两庑之最上，恐为合理。②

礼曹官员主张将周、程、张、朱由先儒晋升至先贤，如尚不能配享于大成殿，则亦应居于两庑汉唐诸儒之上，文庙从祀等级应以传道之功高低而非年代先后论定。

朝鲜显宗九年（1668），判书赵复阳建议将诸人升至大成殿内祭祀，言：

> 自孟子之没，圣人之道不传，周、程、张诸大贤得其不传之绪，以继往圣，以开来学。朱子合濂洛之正传，绍洙泗之坠绪，集其大成，非左丘明以下诸儒所可与论。而以生之先后，座在其下，实甚无别。子思、孟子何以先七十子，而并居颜、曾之列乎？圣庙位次当以道德，不当以其世。周、张、朱诸大贤升于殿上，居于四配之次，允为合理矣。③

---

① 赵宪：《重峰先生文集》卷9《与皇明礼部提督会同馆主事钱拱辰论圣庙从祀书》，韩国民族文化推进会《影印标点韩国文集丛刊》本，1990，第 54 册，第 328~330 页。

② 《朝鲜仁祖实录》卷 13，仁祖四年六月甲子，韩国国史编纂委员会，1955~1963 年，第 34 册，第 118 页。

③ 《朝鲜显宗实录》卷 20，显宗九年十二月辛卯，韩国国史编纂委员会，1955~1963 年，第 37 册，第 638 页。

赵复阳明确提出了将周敦颐、程颢、程颐、张载与朱熹升配大成殿的意见，且位在四配之下，十哲之上。但是在这一方案中并没有提及邵雍。

肃宗七年（1681），领中枢府事宋时烈再次提出升配宋儒，明确言及邵雍，云："邵子生乎千万岁之后，扫去诸家之陋说，而直启伏羲之心法，故朱子之作启蒙也，一用其说，其功孰大焉"。① 肃宗八年（1682）四月，肃宗下教旨云："此时巨役，似难轻议，徐待年丰举行"。②

肃宗四十年（1714）七月，左议政金昌集等人重提宋六儒升配大成殿一事，云："因先正臣宋时烈之言，有宋朝六贤升配从享之命，而令待年丰举行矣。此事至今迁拖，似因岁饥，而设令丰登，何可改造大成殿乎？臣屡参释奠祭，尝见十哲位所奉交椅颇大，今若稍减其制，似不至狭窄难容"。③ 金昌集提出上述看法后，李颐晚反对宋六儒升配大成殿，疏言：

> 文庙之制，悉仿皇朝典礼，四圣从享于殿内，十哲分配于左右，是皆亲炙孔门，升堂入室之人。从古及今，未敢增损。而东、西庑所啜食诸贤坐（座）次，一循世代先后，定其位次，此岂后代之所敢定议者哉……且念祖宗朝以来，三百年间名贤宏（鸿）儒非不多也，曾未闻有此等议论，而至于今日，猝有是举，臣未知其果合于礼制、义理耶？侧闻曩岁有诸臣献议之事云，而圣庙莫大之礼，皇朝以前所无之制，岂可以一时义起，率尔更变，以贻后世之讥议乎？④

李颐晚反对将宋六儒升配大成殿的理由主要有三：第一，文庙从祀位次历朝传承，后世之人不当轻言改动；第二，四配与十哲皆是孔子亲传或者直系弟子，唯有符合这一标准，才有资格受祀于大成殿；第三，本朝与皇朝（中国）此前皆无这一制度。针对李颐晚的意见，诸臣进行了声势浩大的反驳，诸臣云："尔疏中亦曰：'六贤之学问、道德仿诸十哲，未或有等差之可言'。而强为立异，抑独何哉？昨年彼中有朱子升配之举，而未有异议，

① 宋时烈：《宋子大全》卷17《论文庙从祀疏》，韩国民族文化推进会《影印标点韩国文集丛刊》本，1993，第108册，第410、411页。
② 《朝鲜肃宗实录》卷13，肃宗八年四月己亥，第38册，第587页。
③ 《朝鲜肃宗实录》卷55，肃宗四十年七月庚戌，第40册，第531页。
④ 《朝鲜肃宗实录》卷55，肃宗四十年七月辛酉，第40册，第533页。

此等沮戏之论反出东国，极可慨惋也"。① 上述反驳要点有二：第一，宋六儒学问、道德与十哲相仿，这构成能否配享大成殿的关键尺度；第二，在金昌集提出升配宋六儒这一意见的两年以前，即康熙五十一年（1712），清朝已经将朱熹升配于大成殿，位在十哲之后。

肃宗下教旨削夺李颐晚的官职，并在肃宗四十年（1714）正式将宋六儒升配大成殿，《升配颁教文》云：

> 兹六贤之宏规，均为吾道之正嫡，穿章凿句，奚数历代之群儒。入室升堂，无愧圣门之高弟。第于庙享之列，尚在虎位之间，纵时世之因循，莫之能改，然道德之高下，岂若是班……乃于本月初七日，以宋朝六贤升配大成殿内，道国公程颐奉于魏公卜商之下，豫国公程颢奉于颍川侯颛孙师之下，洛国公程颐奉于道国公周敦颐之下，新安伯邵雍奉于豫国公程颢之下，徽国公朱熹奉于新安伯邵雍之下。殿宇则姑仍旧贯，床椅则稍杀前模，位分东西，并四科而齐列，道同前后，明一统之传承。②

《升配颁教文》是宋六儒升配大成殿得以实现的必要官方文件，由此传达了三个重要信息：第一，以宋六儒接续孔孟道统，被定位为"正嫡"；第二，强调"道"的重要意义，重申了文庙从祀序列"以道不以年"的标准；第三，宋六儒配享大成殿，位在十哲之后，从而形成朝鲜文庙"十六哲"并列的局面。

还需要说明的是，关于宋六儒升配大成殿后的位次问题，朝鲜士人其实一直存有两点争议。其一，宋六儒是居于十哲之上，还是十哲之下，看法不一。朝鲜景宗朝官员安重观（1683~1752）云："道统之相传，有若宗法之传嫡，不可以旁支别派乱之，然则五贤之位宜越十哲，而直继颜、曾、思、孟之次，从祀于正殿。十哲以下乃可以时世为序，位于两庑"。③

① 《朝鲜肃宗实录》卷55，肃宗四十年七月辛酉，第40册，第533页。
② 宋相琦：《玉吾斋集》卷12《宋朝六贤升配颁教文》，韩国民族文化推进会《影印标点韩国文集丛刊》本，1995，第171册，第444页。
③ 安重观：《悔窝集》卷7《儒宫祀典私议》，韩国民族文化推进会《影印标点韩国文集丛刊续》本，2008，第65册，第389页。

其二，朱熹的位次居于宋六儒之末，尤其是在邵雍之后，是否妥当。如朝鲜肃宗四十年（1714），宋六儒已经升配大成殿，权尚夏（1641~1721）云："六贤升配时，闻朱子位居康节下云，事体恐未安，未可变通否……不拘世代，只以道德为次第，则朱子孔子后一人，亦将升之于周、程之上乎"。① 上述这两类言论的存在，虽然最终没能反映于宋六儒在大成殿中的位次变动，但是充分反映出朝鲜士人推崇宋六儒，且尤为推崇朱熹的观念。

在 17 世纪初，赵宪开始向中国礼部官员质疑周敦颐等人从祀文庙两庑的合理性，此后百余年间，朝鲜士人反复讨论宋六儒升配问题，此中有过关于是否升配张载、邵雍等人的犹豫，也有过关于宋儒升配后在大成殿内位次如何安排等种种讨论，但是他们推崇宋六儒的思路其实一脉相承。对朝鲜王朝而言，提升宋六儒的地位，表面看仅仅提升了部分中国贤儒在朝鲜文庙中的位次，其实意味着儒学内部的程朱学派在朝鲜王朝官方话语体系内的权威得到整体性提升。朝鲜王朝在受容中国道统观念的二百余年后，最终将朱熹所倡导之宋儒直接孔孟的理论落实于文庙祭礼层面，重塑本国道统谱系。在这种语境中，与宋六儒比附的东国贤儒的地位，及其所表征的朝鲜王朝的权威亦随之上升。

四　宋六儒配享的波澜与传承

宋六儒自肃宗四十年（1714）配享文庙大成殿后，这种"十六哲"的祭礼制度一直维持到朝鲜王朝末年。此后直至 1949 年 6 月，文庙从祀制度出现了一次剧烈变革。当时韩国的全国儒家学者代表在成均馆召开儒林大会，以首任儒道会会长金昌淑（1879~1962）为代表的部分人士推动形成如下决议：在以后的文庙祭祀活动中，仅保留孔子、四配与宋二儒（程颢与朱熹），罢祀周敦颐、程颐、张载与邵雍在内的中国贤儒，将罢祀诸人位牌埋安于文庙地下。上述决议在儒林大会后不久即得到贯彻执行，史称"文庙埋安事件"。文庙埋安事件被广泛记载在韩国各种官私史料中，如《成均

---

① 权尚夏：《寒水斋集》卷 20《答蔡君范》，韩国民族文化推进会《影印标点韩国文集丛刊》本，1995，第 150 册，第 248 页。

馆大学六百年史》《成均馆儒道会六十年史》，以及地方乡校志书等。但遗憾的是，决议原文却淹没不传。兹取全州乡校典校李道衡（1909～1975）先生的未刊墨书稿，是稿详细记载了这次儒林大会形成决议的过程，以为参考：

> 己丑（1949）五月八日，各郡校代表总会成均馆，凡二百十八人也……崔锡永曰："殿内只存五圣、程朱，其余皆埋。"金昌淑曰："两程中一程当埋。"议终不一，遂投票决之。二百余人中，白票五十余，二十一票则书曰："逆贼汉"，又曰："如狗汉"，百十余则均是一辞，牢不可破。金昌淑大声告于众曰："以朝鲜人尊崇中国，莫非前日事大思想之因袭也，欲独立而永存自主之权，必劈破此思也。殿庑，我国费，寡而居末，而惟中国人倍而居上，此亦被勒也。今日以千载一会，金君子远来，协力于儒林大事业，吾则必知韩国之完全独立，从此基矣。"金曰："事久则易废，明日当埋。"昌淑曰："不可轻忽为也，当以酒脯告由，而十五日焚香后埋之也。"他道人皆归去，独权重哲、（权）重明、崔锡永、黄甲用、吴奉根、柳直养等留馆准备告由。是日，告由讫，分付校直掘坎埋版。校直曰："以吾五十年守护者，安忍一朝见埋？宁死不可为也。"直养谩骂不已，逐出门外。版既埋，老少馆中聚饮，且呼"万岁"。即以新闻布告曰："本馆则今日埋牌，各道郡县校，限以来六月一日无违举行。"①

发生于 1949 年的文庙埋安事件，是以朱熹为核心的宋六儒进入文庙后受到的唯一一次冲击。在接到儒林大会的决议后，许多地方乡校罢祀了宋四儒在内的中国贤儒，如《南朝鲜民报》就记载了庆尚南道昌原乡校的情况："儒道会昌原郡支部于十月十八日上午十点，在昌原乡校举行孔子诞辰两千五百年纪念及孔门十贤与宋朝四贤的位牌埋安仪式，希望大家多参与"。②

---

① 李道衡（1909～1975），朝鲜末年著名儒家学者李炳殷（顾斋）之子，1950 年任成均馆典学，1953 年任全州乡校典校。引文见李道衡手写未刊稿，绢纸墨书一册，不分卷，兹取第 5 页题注《成均馆埋牌事案》为是稿名。此稿现被成均馆大学李天承教授收藏，李道衡为李天承祖父，感谢李天承教授提供的宝贵史料。

② 《南朝鲜民报》1949 年 10 月 18 日，韩国成均馆大学图书馆藏本。

　　其实早在 1945 年，随着儒道会的成立，当时已经出现罢祀中国贤儒的声音，但是与之相对，从 1945 年直至 1949 年文庙埋安事件发生后，亦始终有很多士人反对罢祀中国贤儒，尤其是反对罢祀宋四儒，反对的缘由可以参见当时著名的儒林人物李炳鲲（1882~1948）所论：

　　　　今之人，从以打破前日事大之习为一大主见，故往往不详考其事之源委，而发此乖激之论也。大抵圣庙之有配食，盖为其有功于发明吾道，而因以为次序者也。宣圣以后传受而发明斯道之功，莫如四圣，其十哲乃从夫子于陈蔡者也。德行科中，颜渊既升为四圣之首，故就孔子弟子中，举子张而补其数也。至宋朝六贤，孟子没后千五百年来，夫子之道渐不明，几乎坠地，而赖周、程、张、邵、朱诸贤次第出而发明之，使斯道如日中天，其功有不下于四圣十哲，故举以配享于其次者也。朱子所赞六君子，有司马涑水，今去之而代朱子，似亦以司马氏发明道学之功，不得比周、程、张、邵五贤，而朱子则继五贤而集大成故也。如我东诸贤乃尊信宋朝六贤，而传述其遗言，以得孔子四圣之道者，何得与十哲，与宋朝六贤而并列乎？[①]

　　李炳鲲论述了文庙配享宋六儒与从祀东国诸贤的关系，前者构成后者的学术渊源，若罢祀宋六儒，将割裂了道统传承的谱系，并且强调东国贤儒尚且不能与十哲、宋六儒相提并论。类似反对罢祀宋四儒的意见还可以参见李道衡之论说：

　　　　尊此儒者，崇其道学也。道学高，故孟子参于五圣之列，濂洛群哲居于谷公高之上。古昔先王、先贤建庙设次，诚至精至微矣。且我国文明之源始于中国，中国贤儒多于我国，理自然也。呜呼！读其言，知其道学矣，不欲奉享，而自奉享之，其谁勒之为之哉！[②]

---

① 李炳鲲：《退修斋日记》卷 16 "丙戌年（1946）三月八日"，韩国史料丛书第 51 辑，2007，下册，第 262 页。
② 李道衡：《成均馆埋牌事案》，第 16 页。韩国成均馆大学李天承教授收藏稿。

在反对罢祀宋四儒的声浪中，一些地方乡校开展了轰轰烈烈的卫圣运动，坚决抵制埋安中国贤儒的牌位，其中激烈者如全州乡校。全州乡校前立了一块记载卫圣运动始末的石碑，名为《全州乡校卫圣案创立纪事碑》，此碑铭文云："夫子岂非鲁人？天下以为吾师，且若以吾邦而独尊，为吾邦者独何学欤？绝其源而望流，断其本而求枝，其为此者不仁乎！"① 宋基冕（1882~1956）则在牌位毁坏后，试图复位周敦颐与程颐的牌位，"百而思之，只有复设一事，而势又莫可尽复诸位，奈何不得已，依英朝戊寅命州县并祀宋朝四贤事，方谋于乡中几个人，先欲造成濂溪、伊川两先生牌子而复位"。②

1953年，第二次儒林大会召开，在众多士人的一再呼吁下，这次大会形成"复位"宋四儒的决议，将周敦颐、程颐、张载、邵雍与程颢、朱熹，乃至十哲一并配享于文庙大成殿，实际上恢复了朝鲜肃宗时期形成的"十六哲"序列。

综上所述，丽末鲜初，朱熹道统谱系观念传入朝鲜半岛，不晚于世宗十二年（1430），宋六儒已经从祀于朝鲜文庙。肃宗四十年（1714），宋六儒被升配于大成殿，形成朝鲜文庙独有的"十六哲"配享序列。朝鲜王朝致力于提升宋六儒的地位，与宋六儒比附方得入祀的东国贤儒，及其所表征的朝鲜王朝的权威亦随之上升。抵至20世纪40年代，朝鲜文庙中以宋六儒为代表的中国贤儒受到冲击，文庙埋安事件与卫圣活动的出现，看似韩国民族主义与崇尚中国儒家文化两种思潮之间的冲突，其实双方在实现国家独立这一问题上的立场并无根本不同，最终恢复宋六儒配享大成殿的做法，说明当时形成了一种主导性认识：宋六儒是朝鲜道统谱系的重要组成部分，已经成为朝鲜半岛儒学传承的一种文化象征符号，对于韩国追溯本国历史文化演进脉络具有重要意义。

① 金文钰：《全州乡校卫圣案创立纪事碑》，此碑现存于韩国全州乡校。
② 宋基冕：《裕斋集》，《答成舜在》，以会文化社，2000，第156页。

朝鲜时期"理气论"背景下的天下观与民族意识

——以李退溪与李栗谷为中心

陈毅立　袁佳麟

【内容提要】"理气论"是朝鲜名儒李退溪与李栗谷探赜的焦点。退溪强调"理"的实体性、整体性及超越性,对内意在批驳佛教,限制朝鲜内部"气"(朋党)的膨胀与扩张,实现"立王权之威";对外则遵循"事大字小"原理,将朝鲜视为"小中华",维系中华与朝鲜之间的等级秩序,力图"固王化之基"。而栗谷强调"气"的个体性、特殊性及流动性,把目光投射在朝鲜民族的固有信仰——"檀君神话"上,倾力构筑朝鲜与中华的对等关系。然而由于檀君神话可资史料有限,不足以支撑朝鲜民族主义的展开,栗谷又竭力从"理"(华夷原理、普遍性)的内部求索朝鲜的殊胜之处。

【关键词】"理气论"　李退溪　李栗谷　天下观　民族意识

【作者简介】陈毅立,博士,同济大学外国语学院副教授;袁佳麟,硕士,同济大学出版社国际部主任。

一　序言

众所周知,"理气论"是朱子学的核心要义。朱熹继承并发扬了北宋五子（周濂溪、张横渠、邵康节、程明道、程伊川）的"道学"理论，构筑起了宏大而精微的理学体系。从存在论观之，朱熹认为世上森罗万象皆由"理"和"气"相合而生。"理"是事物的规则或本质，即"所以然之故，所当然之则"，它赋予了世间万物价值和意义。"气"则能酝酿凝聚，是构成事物的材质和具体形态，同时也是"理"的寄居与依附，正所谓"只此气凝聚处，理便在其中"。故而朱子学极力提倡通过"格物"与"居敬"来克服"气质之性"，回归天理。值得注意的是，气造成万物形体差别，代表着特殊性、个体性，而理赋予万物同一性，具有根源性、普遍性、全体性的特点。与此同时，理虽"无情意、无计度、无造作"，但作为气所依傍的理是一个纯粹的、洁净的空阔世界。①

朱子学恢宏的理论体系（存在论、人性论、教养论）不仅在中华大地上生根发芽、开花结果，而且对于整个东亚地区都产生了广大而深远的影响。据《高丽史》记载，13 世纪末，在安珦（1243～1306）、白颐正（1247～1323）等人的推动下朱子学初传朝鲜。安珦作为燕行使赴元，并携《朱子全书》归国。朝鲜王朝初期，经李牧隐（1328～1396）、郑梦周（1337～1392）、郑道传（1342～1398）等人的努力，朱子学迅速发展，并一举取代佛教成为知识精英和统治阶层的主流思想。尔后，出现了被誉为韩国精神史上"中流砥柱"的李退溪（1501～1570）与李栗谷（1536～1584），二人对朱子学在朝鲜半岛的传承、发展和创新发挥了关键作用。

退溪在朝鲜国内拥有众多支持者，他们多活跃在庆尚道（岭南地区），故而被称为"岭南学派"。17 世纪，退溪的著作随朝鲜通信使的访日传到日本，深受山崎闇斋、横井小楠等人的推崇。而栗谷的拥护者多集中在京畿道、忠清道等地，后世称之为"畿湖学派"。栗谷的"理气论"对朝鲜中后期实学思想的发展同样发挥了积极作用。

朝鲜朱子学的特色具体表现为：一是不同学派之间展开了激烈的思想论争，为排除异己，往往伴有流血冲突，"四色党争"令人不寒而栗；二是朝鲜儒者对朱子学的关心呈现两极分化的局面。一方面聚焦于形而上的"理气论"，另一方面侧重于形而下的礼仪、祭祀。前者又围绕人之情究竟应由

---

① 张立文：《中国传统文化与人类命运共同体》，中国人民大学出版社，2018，第 262 页。

"理"发还是"气"发展开，① 在此基础上还衍生出有关"四端七情""人心道心"等论辩。

毋庸置疑，对于朱子学家而言，"理气论"始终是不可回避的焦点之一。迄今，学界围绕退溪和栗谷"理气论"的异同及其与朱子学之间的传承关系等问题已作了较为深入的探讨。② 然而，诚如崔英辰所指出的，朝鲜时期儒学史的分类范畴中使用最多的便是主理和主气之术语，而且大多数的研究书籍对主理、主气之用语也一直毫无批判地加以使用，甚至还出现了"主理＝保守＝观念性的""主气＝进步＝现实性的"这样一种等式，歪曲了韩国近代思想史的本质。③

本文避免单纯地对"理发""气发""理气互发"等学说进行观念式的讨论，而是聚焦李退溪和李栗谷"理气论"背后的天下观与民族意识，明确"理气论"在构筑政治秩序以及唤起民族意识方面发挥了何种作用。因为对于朱子学家而言，存在论只是伦理道德和社会政治的基础，④ 思考并解决各种现实问题才是他们的终极关怀。

---

① 三浦国雄『朱子』、講談社、一九七九年、三五四頁。
② 韩国学界代表性成果有，柳承国：《韩国儒学与现代精神》，东方出版社，2008；崔英辰：《韩国儒学思想研究》，邢丽菊译，东方出版社，2008；李相镐：《朝鲜性理学的分化研究——以19世纪朝鲜性理学派的性理学说分化为中心》，成均馆大学，1994；郑大焕：《朝鲜朝性理学研究》，江原大学出版部，1992；裴宗镐：《韩国儒学史》，延世大学出版社，1975。中国学界的代表性研究包括，张立文：《中国与朝鲜李朝朱子学的比较及特质》，《中国传统文化与人类命运共同体》，中国人民大学出版社，2018；张立文：《朱熹与退溪思想比较研究》，人民出版社，2014；陈来：《韩国朱子学新论——以李退溪与李栗谷的理发气发说为中心》，《厦门大学学报》（哲学社会科学版）2015 年第 1 期；李甦平：《论韩儒李退溪的性理学思想》，《国际汉学》2016 年第 4 期；邢丽菊：《韩国儒学思想史》，人民出版社，2015；洪军：《朱熹与栗谷哲学比较研究》，中国社会科学出版社，2003；葛荣晋：《韩国实学思想史》，首都师范大学出版社，2002。日本学界对朝鲜儒教史上的"理气论"问题也颇为关注。崔英辰指出最早将朝鲜儒学史分为主理派和主气派的主张可追溯到日本学者高桥亨的论文《朝鲜朝儒学史上主理、主气派的发展与兴盛》。阿部吉雄『日本朱子学と朝鮮』、東京大学出版会、一九六五年；高橋進『李退溪と敬の哲学』、東洋書院、一九八五年；姜在彦：『朝鮮儒教と近代』、明石書店、一九九六年；小川晴久『朝鮮実学と日本』、花伝社、一九九四年；李泰鎮：『朝鮮王朝社会と儒教』、法政大学出版局、二〇〇〇年；山内弘一『朝鮮から見る「華夷」思想』、山川出版社、二〇〇三年；小倉紀蔵『韓国は一つの哲学である』、講談社、二〇〇四年；澤井啓一『山崎闇斎』、ミネルヴァ書房、二〇一四年等论著中对此问题都有详细分析。
③ 崔英辰：《韩国儒学思想研究》，邢丽菊译，东方出版社，2008，第 113 页。
④ 島田虔次『朱子学と陽明学』、岩波新書、一九六七年、九十頁。

二 李退溪的"理气论"与"小中华"意识

退溪继承了朱熹"至虚之中有至实者存"、周濂溪"无极而太极"的观点，强调"盖理虽无形而至虚之中，有至实之体"，[1] "自其真实无妄而言，则天下莫实于理；自其无声无臭而言，则天下莫虚于理"。[2] 其在强调"理"的实体性、根源性的背后究竟隐藏了何种意图？

首先，退溪试图借助"理"的实体性来批判佛教。佛教在朝鲜半岛的传播始于新罗、百济、高句丽三国鼎立之际，尔后长期占据思想界主导之位，但在高丽后期佛教形骸化日趋严重，社会上掀起了一股排佛之风。

众所周知，朱熹早年虽参究佛学，但终究无法皈依法门，反斥"佛老之学，不待深辨而明。只是废三纲五常，这一事已是极大罪名，其他更不消说"。朱熹所言之"其他"，恐怕直指"吾儒心虽虚而理则实，若释氏则一向归空寂去了"。

朝鲜时期，朝廷公然整顿佛教，实施崇儒抑佛政策。时任李成桂之辅弼役的郑道传在《佛氏杂辩》中批驳佛教视自然界为虚幻，主张儒教的实体观，认为"盖未有天地万物之前，毕竟先有太极，而天地万物之理，已浑然居于其中"。[3]

在李退溪眼中，佛教是高丽灭亡的根源之一，其势力虽已"余波遗烬"，但仍须警惕死灰复燃。他指出，"臣伏见东方异端之害，佛氏为甚，而至高丽氏以亡国。虽以我朝之盛治，尤未能绝其根柢。往往时投炽漫。先生旋觉其非，虽赖汛扫去之，余波遗烬，尚有存者"。[4]

其次，退溪强调"理"的根源性与超越性，试图为朝鲜国王的统治谋求合理、正当的依据。毋庸赘言，从价值论而言，朱子学的"理"意味着伦理纲常（君臣、父子、夫妇、兄弟、朋友）的最高标准，因为"理"的总和被称为"太极"，而"太极只是个极好至善底道理……是天地人物万善至好的表

---

① 李滉：《退溪集》，新华社，1983，第349页。
② 李退溪研究会编《李退溪全集》（下），萤雪出版社，1983，第138页。
③ 郑道传：《佛氏杂辩》卷九，转引自崔英辰《韩国儒学思想研究》，邢丽菊译，东方出版社，2008，第124页。
④ 李滉：《退溪集》，新华社，1983，第102页。

德",故而,"理"具有鲜明的超越性、根源性与实体性,这就形成了"未有天地之先,毕竟是先有理"。观之,"理"不仅是世界存在的根据,更是伦理道德的准则,正所谓"礼即是理也""人伦者,天理也",象征伦理规范和等级秩序的忠孝仁义、礼乐法度都是"理"在日常生活中的具体呈现。

由于其时东亚国家间的交往主要表现为朝贡和册封,因此明朝皇帝与朝鲜国王之间自然就形成了君臣关系。当退溪试图通过"理"来凸显君臣之义时,不得不面临内外双重构造。

从内部言之,退溪冀通过君臣关系,强化朝鲜国王的向心力,达到维护王权的至尊性与权威性的目的。

朝鲜中期,"士林派"逐渐登上政治舞台,并与勋旧派发生矛盾冲突,"士祸"频发。此后,在"党争"过程中,逐渐占据优势的"士林派"内部,又因不同的政治立场与学术主张,分裂为"东人"与"西人","东人"内部又因官爵利禄,再次派生出"南人"与"北人",而"西人"中也出现了"老论"与"少论"不同派系。这些人均为"两班"出身,经祖上几代的经营,在地方上都拥有雄厚的经济实力与通达的人脉关系,一旦时机成熟,对中央集权统治可能会造成极大威胁。退溪对此不仅有着敏锐的洞察,而且抱有强烈的忧患意识,腥风血雨的"士祸"让百姓生活每况愈下,官场腐败、拉帮结派更是导致人才埋没,国家与政权陷入重重危机。

因此,鉴于"理"的重要性,退溪从"工夫论"角度,积极探索如何摄取"理"。他认为人们在日常生活中应严格遵循并实践各种礼仪规范。不同于朱熹将"居敬"视为"未发"状态,退溪将"居敬"纳入"已发"范畴,并提倡在日常生活中反复实践。他指出,当时朝鲜广为流传的《朱子家礼》侧重理论,在礼的实践方面收效甚微。为此他借助真德秀的《心经》,构建了一套系统的心学体系,大力宣扬"诚"的重要性,以此来保障"礼"的实践具有可操作性与可持续性。

总之,退溪期待通过"理"在政治领域的实践来强化王权的核心地位与绝对作用,构筑有凝聚力的中央集权,化解士林派与勋旧派之间的利益纷争,让政治重回清明。

从外部言之,明朝皇帝与朝鲜国王之间存在君臣关系,诚如退溪所言,"大明为天下之宗主,海隅日出无不臣服",因此,他在赋予朝鲜国王权威性的同时,也陷入了不得不削弱其绝对性的两难境地。

为化解两者之间的张力，退溪强调判断中华与夷狄的标准不在种族与地理，而在于"礼义"的教化程度："臣伏以为，人有恒言，皆曰'夷狄乃禽兽'。夫夷狄亦人也。乃与禽兽比，言之非甚，为其不知礼义，无分君臣、上下也。其生者，蚩蚩蠢蠢，冥顽不灵，殆与禽兽无异。故取类而并称之。"① 在退溪心中，朝鲜以"箕子东来"为契机，开礼仪之风，受诗书之泽，自古以来慕华变夷，已成为儒家文化发达的"君子国"和"小中华"："吾东自箕子来封，以九畴设教，教以八条为治。仁贤之化自应神明。士之得心学而明畴数，必有闻名于世者。……高丽五百余年间，世道向隆，文风渐开，士游学于中原者多矣。经典兴行，易乱为治，慕华变夷。诗书之泽，礼仪之风，箕畴之遗俗，尤应渐复。故称吾东为文献之邦、君子之国者，故有然也。""吾邦自古小中华也，亦有文士，多良才。"②

退溪心中的"小中华"，首先意味着等级秩序，表明朝鲜仅次于中国之意。在邂逅西方"球体说"之前，东亚地区深受"天圆地方"观念的影响。古代殷朝居中，"方"原指外敌，后演变为东夷、南蛮、西戎、北狄，由于"东"在四方位中最为优秀，退溪常称朝鲜为"东朝""海东""吾东"等。值得注意的是，近世日本知识阶层同样标榜"东"的观念。例如，西川如见在《日本水土考》中将阴阳五行思想与地理位置相结合，强调日本位居万国之东头，朝阳始照大地，是阳气发生之初，震雷奋起之元。总之，日本才是"生命源起"之处，已超越中国成为"首中之首，重中之重"，其优越性得到了完美体现。③ 相比之下，退溪仅是将朝鲜作为"小中华"对待，将之纳入整个中华文明体系，在这个体系内部，中华与朝鲜之间仍需维持君臣关系、上下秩序。

其次，"小中华"体现在朝鲜国王和中国皇帝与天的"亲疏"关系上。依照礼仪，只有中国皇帝才能与天直接对话，因此相比中国皇帝，朝鲜国王与天之间的距离更遥远，要感知、接受天意（仁爱）难度更大。为能被天所关注，退溪将君王与天的关系视为亲子关系，并劝诫朝鲜国王只要践行诚与孝，即"诚修省以承天爱"，必定能如中国皇帝一样感知天的仁爱，获得

---

① 李滉：《退溪集》，新华社，1983，第 68 页。
② 退溪学丛书编委会编《陶山全书》（四），退溪学研究院，1988，第 154 页。
③ 西川如見『日本水土考』、岩波書店、一九四四年、二十頁。

天的青睐："故臣愚以为，君之于天，如子之于亲。亲，如有怒子之心。子之恐惧修省者，不问是怒与非怒，事事尽诚致孝，则亲悦其诚孝，并其所怒，浑化无痕。然若指定此一事恐惧修省，余事依旧恣意，则无诚致孝，伪而为之。以何解亲之怒而得亲之欢邪。"[1]

作为朝鲜大儒，退溪免不了陷入文化认同与身份认同的两难境地。他在笃信尊崇朱熹、憧憬中华文明的同时，也不免流露民族情感。他盛赞朝鲜的山水名胜，夸赞金刚山是名震天下（中国、印度）的名山。"关东山水之胜，甲于东方。而金刚山独鸣天下。竺书记载之所也。元帝舍施之所也。大明高皇帝叹异之所也。夫处天下之绝域，而骋天下之雄名。何其伟哉。世之士，苟有志于方外者，愿咸一窥此山。夫名山异境实为天地之秘藏，灵真之窟宅也。亦岂人人能窥之所哉。"[2]

总之，退溪提倡"理"（整体、国王）的重要性意在限制朝鲜王朝内部"气"（个体、朋党）的膨胀与扩张，以巩固王权。然而，朝鲜又必须施行"事大"的外交政策，向中国行藩臣之礼，严格恪守大义名分，避免使用"朕""诏""陛下"等称呼，定期遣使朝贡。作为"事大"的回报，朝鲜享有"字小"的权利。正如《春秋左氏传》所言，"惟大不字小，小不事大也"，"事大"与"字小"是双向的，宗主国被要求在政治、军事、经济上保护与支持藩属国、朝贡国。16世纪末，当丰臣秀吉大举征伐朝鲜时，明神宗万历帝派兵增援朝鲜，击溃日军，成就了"字小"的典范。对于朝鲜而言，中国（明朝）有着"再造之恩"，功德无量。（见图1）

退溪虽未亲历"壬辰倭乱"，然而他清晰地认识到"事大"的重要性。作为与大国接壤的小国，若公然与大国对抗，其结局必然是国家陷入存亡危机。反之，若能充分借助大国权威来实现本国政权巩固，不失为上策。退溪内心十分清楚中国皇帝并不直接统治朝鲜人民，属于"君长人身统治"模式，册封制度不仅能维系朝鲜安全，还能使朝鲜从中获取巨大的经济利益。当然，政治外交上的"事大"，必然伴随着文化上的"慕华"，从"集大成于群儒，上以继绝绪，下以开来学，使孔孟朱之道焕然复明于世"的评价中，不难体会到退溪为继承并弘扬儒家文化而付出的巨大努力。

---

[1] 李滉：《退溪集》，新华社，1983，第103页。
[2] 退溪学丛书编委会编《陶山全书》（四），退溪学研究院，1988，第258页。

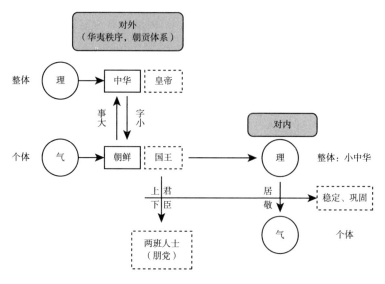

图 1 李退溪天下观的双重构造

资料来源：笔者自制。

三 李栗谷的"理气论"与民族意识

在朱熹的理论体系中，理不仅是自然法则，它还表现为"天地之性"，即"仁义礼智信"等道德伦常是天赋予的，因此具有纯粹、至善的特征。然而气有清浊昏明之别，导致每个人的"气质之性"千差万别，正如"生下来唤作性底，便有了气禀夹杂，便不是理底性了"。[①] 退溪继承朱熹理论，强调了"理贵气贱，理无为气有欲"，并进一步提出了"理气互发"说。他说："大抵有理发而气乘之者，则可主理而言耳，非谓理外于气，四端是也。有气发而理乘之者，则可主气而言耳，非谓气外于理，七情是也。"[②]

有别于退溪的"理贵气贱""理气互发"理论，栗谷主张"天理者，无为也，必乘气机而乃动，气不动而理动者，万无其理"，凸显了"气"（个体性、特殊性）的现实功能，这也构成了其天下观的理论基础。

---

① 朱熹：《朱子语类》，上海古籍出版社，2002，第 3191 页。
② 李滉：《退溪集》，新华社，1983，第 250 页。

14 世纪后，朝鲜半岛屡遭倭寇侵扰。朝鲜时期，通过三浦开港、岁赐米等怀柔政策以及征讨对马岛等强硬方式，倭寇骚扰问题一度缓和。然而，16 世纪中叶后，南方倭寇的骚扰以及北方女真族的挑衅再次加剧。南北外敌的侵扰使朝鲜有识之士产生了强烈的危机意识。

从外交军事角度析之，李栗谷的民族意识主要体现在国防问题上。他明确意识到当时朝鲜军队装备落后，士兵生活保障极度匮竭、战斗力低下等严峻问题，并指出"目今军政废坏，四徼无备，脱有缓急，虽以良平运智，起信统制，无兵可将，安能独战"。[①] 故而提出了具有先见之明的"十万养兵"政策，令人遗憾的是栗谷的意见并未引起当权者的足够重视，直至其去世 8 年后，丰臣秀吉大举征伐朝鲜，时任当权者柳成龙才恍然醒悟，称赞栗谷"真圣人"。[②]

从思想角度观之，栗谷的民族意识主要反映在以下三个方面。

第一，与天的亲疏关系。关于这点，栗谷与退溪的见解颇为相似。他首先承认只有中国皇帝才能实施祭天仪式："天子祭天地，诸侯祭社稷，大夫祭五祀。天子祭天下名山大川，诸侯祭名山大川之在其地者。"其次，栗谷同样将人君与天的关系比拟为亲子关系，天如发怒，即便没有过错，也需顺应天心，展现出积极悔改的态度。他指出："皇天之于人君，若父母之于子也。父母怒其子，发辞色于诸，则子虽无过，必倍加齐慄，承颜顺旨，必得父母底豫，乃安于心。况有过者，尤当引咎哀谢，革心改行，起敬起孝。必得父母愉悦之色，可也。"

栗谷还曾表示，"夫灾异之作，天意深远，固难窥测，亦不过仁爱人君而已。历观古昔明王谊辟，可以有为，而政或不修，则天必示谴，以警动之。至于暴弃之君，与天相忘，则反无灾异。是故无灾之灾，天下之至灾也"。[③] 观之，为了能感知天爱，避免被天忽视，朝鲜国王必须加倍努力。

第二，基于"气"的华夷秩序。栗谷认为华夷之别不在种族而在儒教之"礼"："故变苦节为魏晋之旷荡。尚虚浮而亡礼法。礼法既亡，与夷狄无异。故五胡乱华，中原糜乱，乱极当治。故贞观之治竟未尽就弊。其道尤

---

① 李珥：《栗谷全书》（上），华东师范大学出版社，2017，第 199 页。
② 洪军：《朱熹与栗谷哲学比较研究》，中国社会科学出版社，2003，第 21 页。
③ 李珥：《栗谷全书》（上），华东师范大学出版社，2017，第 180 页。

有夷狄之风矣。"① 然而不同于退溪的"小中华"说，栗谷则更为注重朝鲜作为个体"气"的殊胜性。他认为朝鲜通过儒教实现了高度文明化，甚至已经能媲美中国的齐鲁，因此称朝鲜为中国并非言过其实。当然，与江户时期的兵学家山鹿素行将日本称作"中国"，将"中国"视为外朝的翻转不同，栗谷并不否认中国本身，而主张朝鲜等同于中国，是圣人辈出之地。他表示："臣闻'天无二日，民无二主'。惟我邈在东方之海表，虽若别为一区，而九畴之教，礼乐之俗，不让华夏，则终限于一带之水，不自为异域。故修贡于中华。……名遂外国，而实为东方之一齐鲁也。"② "余曰：'浮屠乃是夷狄之教，不应施于中国（指朝鲜王朝）。'僧曰：'舜乃东夷之人，文王乃西夷之人，此亦夷狄也。'"③

第三，"箕子不臣"说。关于箕子朝鲜，在中国典籍《史记》《汉书》《后汉书》中均有记载。栗谷对箕子东来给予了高度评价，称"朝鲜被仁贤之化，为诗书礼乐之邦"。④ 他认为箕子早于孔子讲授《洪范》，尔后又到朝鲜，"教其民以礼仪、农蚕、织作、经划井田之制"，⑤ 因此朝鲜才是王道文化之源流。

除盛赞箕子对朝鲜有"养之厚而教之勤"的恩德外，栗谷还着重强调了"箕子既为武王传道，不肯仕，武王亦不敢强"⑥ 的观点。虽然学界对箕子朝鲜的真实性尚存争议，但"箕子不臣"的主张已清晰地反映出栗谷有意塑造与中华"对等"的朝鲜形象，即实现"理"与"气"在价值意义上的均衡。

无论是华夷秩序的原理，还是与天的亲疏关系，抑或是"箕子东来"说，均可视为栗谷试图从儒家文化内部着手打破"华夷之辩"之藩篱，为探寻朝鲜特殊性与优越性所作的积极尝试，其中饱含了丰富的民族情愫。

然而，只要中国依旧为儒教国家，册封体制继续存在，朝鲜要想从儒教

---

① 李珥：《栗谷全书》（上），华东师范大学出版社，2017，第181页。
② 李珥：《栗谷全书》（下），华东师范大学出版社，2017，第1987页。
③ 李珥：《栗谷全书》（上），华东师范大学出版社，2017，第8页。
④ 李珥：《栗谷全书》（上），华东师范大学出版社，2017，第530页。
⑤ 李珥：《栗谷全书》（上），华东师范大学出版社，2017，第529页。
⑥ 李珥：《栗谷全书》（上），华东师范大学出版社，2017，第529页。

内部完成对中华的"超越"绝非易事。为此，栗谷试图以民族固有信仰与建国神话为媒，从中透析出朝鲜的"个别性"，以此来展示朝鲜文化的特殊价值和独特魅力。《三国遗事》与《帝王韵记》中所记载的檀君神话便成为其重要的思想资源。他说道："若稽古昔，上自檀君，下至王氏，治乱相因，不可枚举。"① "吾东方虽居海外，实与中国相盛衰，檀君以来有君有臣，而能治而教之者，皆可指言之欤。"②

要之，栗谷一方面从儒家思想（理）内部萃取民族主义的合理性，同时又试图淡化具有普遍性的儒家文化（理）的影响，为朝鲜文化做一番追根溯源的工作。于是他把目光投射在朝鲜民族的固有信仰——檀君神话上。尽管儒家文化在箕子东来之后，不断"土著化"而扎根于朝鲜半岛，但其并不足以催生强大的民族凝聚力，因此必须回溯到朝鲜的特殊性（气）上。然而，由于固有的檀君神话"文献不足"③，尚无法支撑朝鲜民族主义的展开，因此栗谷一方面通过檀君神话来展现朝鲜的个体价值，另一方面又从"礼乐"的角度提升朝鲜在中华文化圈中的地位，进一步谋求朝鲜与中国之间的"对等"关系。（见图2）

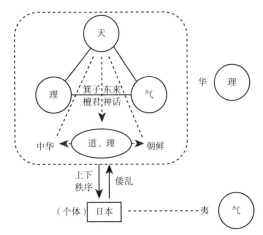

图2 李栗谷的华夷天下观

资料来源：笔者自制。

---

① 李珥：《栗谷全书》（下），华东师范大学出版社，2017，第2065页。
② 李珥：《栗谷全书》（上），华东师范大学出版社，2017，第552页。
③ 李珥：《栗谷全书》（上），华东师范大学出版社，2017，第578页。

四 结语

17世纪的东亚，正处于"山雨欲来风满楼"的时期。华夏大地上发生的明清交替，对周边国家产生了巨大影响。朝鲜王朝内部出现了以宋时烈为代表的"北伐派"，他们认为"礼失而求诸野"，朝鲜作为中华文明的守护者有义务实施"反清复明"，征伐清朝；而以洪大容、朴趾源为首的"北学派"在目睹"康乾盛世"后，则强调"其法优秀，亦可拜其为师"。①

不言而喻，"北伐""北学"主张的背后是扎根在朝鲜士人内心的"小中华"意识。虽然西方天文学带来了"地球球体说"，改变了传统的"天圆地方"观念，但正如上文所述"华夷之辨"早已超越地理的局限，上升到礼仪、思想、文化的高度，"小中华"意识也如同"执拗低音"，根深蒂固地存在于朝鲜士人心中。因此在"夷狄"清朝面前，朝鲜只需落落大方地呈现其延续中华文明命脉、继承儒家"道统"的优等生形象即可，而作为固有信仰的檀君神话此时已无须再登大雅之堂，唤起民族意识的诉求此刻已不再强烈。这种情况一直持续到了19世纪中叶。

面对近代西方列强的入侵，朝鲜民众的民族主义情绪不断高扬，人们竖起"洋夷侵犯，非战则和，主和卖国，戒我万年子孙"的"斥和碑"。朝鲜国内出现了遵奉儒教正统与春秋大义的"卫正斥邪派"以及主张全力吸收西方文明的"开化派"。李恒老（1792~1868）是前者中的代表人物。他在"理主气客""理尊气卑"的"主理"说基础上，将"理"的绝对性发挥到极致，视朝鲜为"理"（纯善），西洋为"气"（杂糅），竭力主张尊王思想，誓死维护圣人之道。诚如赵景达所言，对道的实践是朝鲜王朝在现实中的可贵之处，即使亡"国"，也要殉"道"，这才是守卫人伦。这一点既是以儒教为根本法则的朝鲜的现实，又是其顽强抵抗法美的原因。②"开化派"中有一部分是以洋务运动为模

---

① 陈毅立：《朝鲜时期北学派的华夷天下观》，《韩国研究论丛》2019年第2辑，社会科学文献出版社，2020，第170页。
② 赵景达：《近代朝鲜与日本》，李濯凡译，新星出版社，2019，第38~39页。

板，主张"东道西器"的稳健派，也有一部分是未认清日本的本质，把日本视为"理"的象征，将日本明治维新作为标杆，力主变法改革的激进派，但由于此后日本背信弃义，推行对外扩张战略，直接导致朝鲜沦为其殖民地。

论高丽对唐地方司法制度的变异

张春海

【内容提要】 与唐实行中央集权体制、皇权强大的情形不同，高丽是典型的贵族制社会，地方势力强大，出现了"私门辨讼"制度。在州郡一级，高丽虽移植了唐制，但在权力运作特别是在判官以下官员司法权力的设定上，对唐制有较大变异：州郡的司法权主要不是由判官，而是由司录和法曹行使；县级政权结构简单，只有县令或监务一人，不过是州郡的派出机构，诉讼多不经官府，而由地方势力解决。

【关键词】 高丽　唐代　地方司法　四等官制
【作者简介】 张春海，史学博士，南京大学法学院教授。

高丽王朝（918~1392）的各种制度深受唐制影响，同时在本国特定权力格局、社会结构、文化传统等因素的影响下，又对唐制有或大或小之变异，地方司法制度同样如此。

一　地方司法权不彰与"私门辨讼"

在唐代，各种司法权力分工制衡，最终、最高的司法权归总于皇帝。诉讼一般先从县级机关提起，不服县之判决的，要请给"不理状"，申诉于州；不服州之判决的，再请"不理状"，申诉到尚书省，由左右丞相详审；

又不服的，仍请"不理状"，向三司申诉，直至上表皇帝。^①

高丽王权虽力图移植唐代的中央集权与君主专制体制，但在半岛贵族社会的结构下，权力格局逐渐演变为"君弱臣强"的局面。中央权力对地方的渗透缓慢。成宗元年（982）六月，崔承老上书："太祖统合之后，欲置外官，盖因草创未遑。今窃见乡豪每假公务侵暴百姓，民不堪命。请置外官，虽不得一时尽遣，先于十数州县并置一官，官各设两三员，以委抚字。"^② 第二年，朝廷才开始向地方派遣官员，此时距完成统一已有60年之久。在此情势下形成的地方体制，必然相当粗陋。显宗九年（1018），朝廷又对地方制度进行改革，初步形成由四都护、八牧、五十六知州郡事、二十八镇将、二十县令组成的"外官制"框架。即便如此，中央政府对地方的渗透仍相当有限，在全国500多个县中，由中央派遣官吏进行直接统治的只有130个，称"主县"，而不由中央统辖的"属县"多达373个。^③

翻检《高丽史·地理志》，我们发现有大量的县标明"显宗九年来属"，另有一些则标明"文宗十六年（1062）来属"。高丽王朝在这些地方实际设置县令、监务进行统治的时间当更晚。在《高丽史·地理志》中，"明宗二年（1172）置监务""恭让王二年（1390）置监务"的记载最多，这已分别到了高丽王朝的中期和末期。"来属"之意当与"归附"相近，表明这些所谓的"县"长期相对独立于中央，其性质或许类似唐宋时期的羁縻州县，甚至有更强的自主性。

这种由太祖以来在地方长期存在之特殊权力格局决定的状况，不会因"来属"就发生彻底改变。中央虽可名正言顺地向地方派出官员，在表面上建立起统治，却无法从根本上扭转地方的"自治"特性，中央官员发挥权力的基础薄弱、空间有限，不能不对移植唐制而来的地方制度进行变异。其关键显然不在形式，而在权力运作的实质性层面。

以司法体制论，由于地方乡吏势力强大，朝廷虽设法将司法权向中央集中，但效果有限。成宗七年判："诸道转运使及外官，凡百姓告诉，不肯听理，皆令就决于京官。自今越告人及州县长吏不处决者科罪。"^④

① 《唐六典》，中华书局，1992，第192页。
② 《高丽史》卷75《选举三》，西南师范大学出版社、人民出版社，2014，第2376页。
③ 〔韩〕边太燮：《韩国史通论》，三英社，1999，第170页。
④ 《高丽史》卷84《刑法一》，第2668页。

在中央政府开始向地方派驻官员的最初几年，出现了由中央派来之地方官"不肯听理"的"反常"现象。这至少透露出两方面的信息：首先，模仿唐制，中央赋予了地方官以包括司法权在内的各项权力；其次，尽管地方官在制度上拥有与唐代地方官相似的权力，却不肯行使。

有权不使，不符合普遍人性，尤其当它还是一种普遍现象时。我们认为，根本原因不是地方官们不愿行使权力，而是不能，因而也就不愿行使权力。这从"皆令就决于京官"一语可得到相当的证实。对于前来诉讼之人，地方官告诉他们自己无能为力，建议他们赴京控告。出现这种问题的关键便在于，地方官缺乏行使权力的基础。

对这种结构性问题，中央难以解决，只能以刑罚相威胁，试图阻断越诉行为，要求地方官员负起司法之责。可对阻止地方官行使司法权的势力，却未出台任何措施。其实，早在之前的五年九月，成宗就下教："差牧宰之员，均赋税以化人……凡尔牧民之官，无滞狱讼……如此，则狱无冤滞，路不拾遗。"① 但显然未取得效果。

有韩国学者将史料中的"外官"理解为中央派驻地方的郡县官，而将"州县长吏"理解为郡县原有的地方豪族（乡吏），从而将当时高丽地方的司法管辖程序理解为：长吏（乡吏）一审—外官（中央派遣之郡县官）二审—京官三审。② 这是不对的。史料中的"外官"和"州县长吏"是对同一事物的不同表达，并未给出所谓的"三审"程序。

由于中央权威有限，地方势力强大，终高丽一代，地方司法权不彰，民众对地方的司法公正始终持怀疑态度，想方设法通过种种途径回避地方司法程序，将案件提交中央，由京官解决——中央与地方势力的关系毕竟要弱，相对更能保证司法的公平与公正。这就使京官决讼制一直持续到了高丽后期。忠烈王十二年（1286）三月下教："外方奴婢相讼者，例当就守令及按廉使处决。事曲者依附权势，请移京官，使对讼者赢粮远来。今后悉令其处守令及按廉使听理所任外，别衔处决一禁。"③ 这时的"京官"当已不同于成宗时期的"京官"，京官决讼反而成了司法腐败

---

① 《高丽史》卷 3《成宗世家》，第 65~66 页。
② 林容汉：《고려후기 수령의 사법권 및 행형범위의 확대와 그 성격》，《고려시대의 형법과 형정》，《한국사론》总第 33 辑，국사편찬위원회，2002，第 247 页。
③ 《高丽史》卷 84《刑法一》，第 2669~2670 页。

的途径。

高丽后期的"京官决讼"又称"私门辨讼",是高丽司法制度不同于唐制的一个重要方面。这里所谓的"京官"与"私门",当主要指由地方大族出身之在京贵族担任的"事审官",司法权是事审官所拥有之广泛权力中的一项。史载:

> 忠肃王五年(1318)四月,罢州郡事审官,民甚悦之。然未几,权豪复自为之,害甚于前。五月下教曰:"事审官之设,本为宗主人民,甄别流品,均平赋役,表正风俗。今则不然,广占公田,多匿民户,若小有差役例收禄转,则史之上京者敢于私门决杖征铜,还取禄转,擅作威福,有害于乡,无补于国。已尽革罢,其所匿田户,推刷复旧。"①

事审官制度乃高丽初期地方势力体制化的产物。担任事审官者,一般均为当时最具代表性的地方豪族,他们虽居京城,却对乡贯拥有强大的影响力。《高丽史》卷75《选举三》"事审官"条云:"太祖十八年,新罗王金傅来降,除新罗国为庆州,使傅为本州事审,知副户长以下官职等事。于是诸功臣亦效之,各为其本州事审,事审官始此。"② 高丽朝廷虽努力打破中央与地方的阻隔,使中央权力下渗地方,但由于半岛特定的社会权力结构,反而让地方权力透过事审官制度上渗中央。

随着事审官本身的中央化,"私门辨讼"逐渐演变为一种代表中央的权力机制,成为特殊的中央司法程序。但这毕竟是一种实践性权力,不在由中国移植而来的制度之中,此即"私门辨讼"一词的内在含义。事审官制度虽在忠肃王时被废,但"私门辨讼"之事直到朝鲜王朝初期还存在。太宗十四年(1414年)五月,辨正都监上奴婢事目云:"前此,二品以上私门辨讼未便,如有不得已亲白事,则诣于提调厅,违者申闻论罪。"③ "辨讼"之权已不在事审官,而在其他京官。

---

① 《高丽史》卷75《选举三》,第2398页。
② 《高丽史》卷75《选举三》,第2398页。
③ 《朝鲜王朝实录·太宗实录》太宗十四年五月己卯条,首尔大学奎章阁本。

二　州级机构司法权的差异

唐前期，地方官府分为州（边远地区为都督府或都护府）、县两级，采取司法、行政合一的体制，地方最高行政长官即最高司法长官，州刺史（都督或都护）和县令兼理司法，躬亲狱讼。县是地方的一审机关，审理后能立即生效并付诸执行的只有笞、杖之罪；应判徒、流和死刑的案件，县审断后，移送至州，由州覆审。州可独自展开审理，亦可改判。

唐实行四等官制，各级官府的官吏均被划分为长官、通判官、判官、主典四等，处理不同的事务，承担不同的责任。司法领域同样如此。四等官中，判官的作用最为重要。州级官府中的司户、司法等六曹参军事是四等官中的判官，有独立行使审判之权，长官对他们所判之案不能轻易改判。判官对于长官与通判官的裁断有"异判"权，长官与通判官对判官的裁断则有"异笔断案"之权。

判官之下置有掾吏，以协助开展司法事务。各都督府、州在长史、司马等通判官之下又设有录事参军事一人，秩在各曹参军事之上，同司录一样，职责为"掌勾稽，省署钞目，监符印"。① 录事参军事具有勾检权，是司法程序中的最后把关机构，权力相当关键。

再看高丽的情况。《高丽史》卷 72《舆服一》记高丽外官官署与职员构成云："显宗九年正月，定大小各官、守、令衙从。大都护府牧官：使六、副使五、判官四、司录·法曹各三，医·文师各二。中都护府：使、副使、判官、法曹、医文师、衙从［同大都护府］。防御镇使、知州府郡事官：使五、副使四、判官·法曹各三；县令、镇将三，副将、尉二。"②

高丽的京、都护府、牧或州郡大致具备了四等官制的雏形，其中的判官即唐代四等官中的判官，司录、掌书记相当于唐的司录参军、司录等掌勾检之官。同唐代的地方司法体制一样，高丽州郡的长官知州（府）、郡事使（守令）等为地方最高司法官员。郡守（知州）之下有副使，为通判官，司法亦为其重要职掌。《金臣璉墓志铭》记墓主"除尚州牧副使，听讼如流，

① 《旧唐书》卷 44《职官三》，中华书局，1975，第 1919 页。
② 《高丽史》卷 72《舆服一》，第 201 页。

官无留事，吏民爱如父母"。① 通判之下是判官，亦有司法权。《高丽史》卷105《安珦传》载： "忠烈元年出为尚州判官，时有女巫三人奉妖神惑众……珦杖而械之，巫托神言，怵以祸福。尚人皆惧，珦不为动。后数日，巫乞哀乃放，其妖遂绝。"②

与唐不同的是，高丽判官与通判官之间的职责划分不分明。《高丽史》卷121《庾硕传》载："后为安东都护副使。时巡问使宋国瞻移牒于硕，令修山城。又牒与判官申著同议，著素贪污，硕耻与共事，所牒事皆委著，日与儒士啸咏而已。"③ 模糊的制度设计，最后导致通判官无事可做。《高丽史》卷101《崔汝谐传》载："登第，补蔚州通判，不闲吏事，无所可否，但署纸而已。"④

在权力运作机制上，高丽四等官制对唐制进行了相当程度的变异。这在判官以下官员司法权的设定上表现尤为明显。从现有史料看，与唐代地方司法权主要由判官行使不同，高丽州郡的司法权主要由司录（常兼掌书记）和法曹行使。法曹乃中央派到地方"职专检律"之官，主要任务是检索法条，并据之定罪量刑，与后文所论从事直接审讯与裁断工作的司录形成分工与制约关系。

地方法曹与中央律学属同一系统，可相互调任。《高丽史》卷113《嬖幸一》载："律学助教全子公尝为东安法曹，坐受贿见罢。"⑤ 法曹之所以能成为行贿对象，就是因为他们掌控了定罪量刑的关键性权力。朝鲜世宗一年（1419）八月，刑曹启："于济州，依各道例，差遣检律，以训律文。其徒流以下刑名，令都按抚使直决，毋使淹滞，用伸冤抑。"⑥ 所谓"检律"即由高丽时代的法曹而来。

高丽与唐司法制度的另一不同在于，州郡一级司录的权力甚大。郑沆，"肃宗时中第，补尚州司录。州人以年少易之，及临事善断，皆叹服"。⑦ 崔

---

① 许兴植编《韩国金石全文》（中世上），亚细亚文化社，1984，第787页。
② 《高丽史》卷105《安珦传》，第3234页。
③ 《高丽史》卷121《庾硕传》，第3677~3678页。
④ 《高丽史》卷101《崔汝谐传》，第3111~3112页。
⑤ 《高丽史》卷123《嬖幸一》，第3727页。
⑥ 《朝鲜王朝实录·世宗实录》世宗一年八月甲申条。
⑦ 《高丽史》卷97《郑沆传》，第3014页。

甫淳，"调黄州掌书记，政尚清白"。① 与法曹形成制约关系的便是司录。如果说定罪量刑之权是法曹所掌握的核心权力，那么司录掌握的则是侦查、逮捕、审讯、裁断与执行权。李奎报曾任全州司录兼掌书记，经常要处理大量司法事务，尽管他对之颇不耐烦，且多以仁心折狱，可时人的评价却是"俄补全州书记，为政刚猛"。②《韩惟忠墓志》载：墓主"中为乙科第二人及第，初补南京留守官掌书记，决事明白，吏不敢欺"。③ 这是一种制度性权力，对通判形成了有力制约。《李奎报墓志铭》称墓主"登第之十年，出补全州管记，屡抑通判之不法"。④

判官的司法权不彰，司录掌握了各项实质性权力，是高丽对唐制的重大变异。李谷在《赠清州参军》诗中说："古人重画一，今人好变更。法令牛毛细，黔苍鱼尾赪……割地归兼并，讼牒方组织。"⑤ 但司录司法权过大引发的弊端，亦使其在朝鲜王朝时被废。世宗三十一年三月，政府启："若司录参军，则不可立也……高丽之季，荒纵之事，类皆出于司录参军，纵使复立，无益于治事，请勿举行。"⑥

司录之所以被赋予重权，一个重要的原因在于他们自身的"知识权力"。高丽时代，司录一般均由中央派出的科举出身者担任。朝鲜时代的刑曹判书金自知即曰："前朝中文科者，皆差外方司录。"⑦ 现存高丽时代的大量墓志也证实了这一点。《任懿墓志铭》载："中咸雍六年御试……大康八年，以例出掌忠州牧书记。"⑧《崔祐甫墓志铭》载："郑沆门下登进士第，初调晋州牧司录兼掌书记。"⑨《李文铎墓志铭》载："大至丙寅岁，以上舍第二人攉□第，出补宁州掌书记，恩威并行，吏民畏爱，朝野介然称之。"⑩ 或许正因掌书记（司录）出身科举，他们以后多仕途顺坦，一般

---

① 《高丽史》卷 99《崔均附崔甫淳传》，第 3079 页。
② 李奎报：《东国李相国集后集卷终》之《谏书》（右司谏郑芝奉宣述），景仁文化社，1996，第 257 页。
③ 许兴植编《韩国金石全文》（中世上），亚细亚文化社，1984，第 654 页。
④ 许兴植编《韩国金石全文》（中世下），亚细亚文化社，1984，第 1029 页。
⑤ 李谷：《稼亭先生文集》卷 14《纪行一首·赠清州参军》，景仁文化社，1996，第 183 页。
⑥ 《朝鲜王朝实录·世宗实录》世宗三十一年三月乙酉条。
⑦ 《朝鲜王朝实录·世宗实录》世宗十年十一月己酉条。
⑧ 许兴植编《韩国金石全文》（中世下），亚细亚文化社，1984，第 812 页。
⑨ 许兴植编《韩国金石全文》（中世下），亚细亚文化社，1984，第 812 页。
⑩ 许兴植编《韩国金石全文》（中世下），亚细亚文化社，1984，第 855 页。

均能任台谏官、知制诰、各曹郎官等清要职，一些人还能升任宰相。相反，判官尽管在制度上高司录一级，可由于"知识权力"不足反而使权力旁落。

三 县级机构司法权的差异

（一）唐代县的司法权

司法权是县级官府最重要的权力之一，直接关系庶民的性命与财产，乃王朝为众民提供的最基本公共品，其运行的好坏不仅关乎治理，还涉及政权的合法性。因此，县级机构的设置及官员的职掌多与此有关。《新唐书》卷49下《百官四下》载："县令掌导风化，察冤滞，听狱讼……县丞为之贰，县尉分判众曹……诸县置主簿……凡县有司功佐、司仓佐、司户佐、司兵佐、司法佐、司士佐、典狱、门事等。"[1]

在地方，所有案件均由县一审，笞、杖罪为终审，徒以上罪则送州覆审。《唐六典》卷6《刑部》载："凡有犯罪者，皆从所发州、县推而断之。"注云："犯罪者，徒已上县断定，送州覆审讫，徒罪及流应决杖、若应赎者，即决配、征赎。"[2] 死刑案件也由县一审，县在司法中的重要性是其他机构难以比拟的。

在县级官府，县令为长官，通理全县政务；县丞为通判官，辅佐县令执行政务；县尉为判官，具体负责全县各项事务；主簿、录事为主典，负责勾检文书，监督县政。此外，还有司法佐、司户佐等各曹佐吏及录事、伍伯等胥吏和职役。

唐代公文处理的程序有六：一曰署名，二曰受付，三曰判案，四曰执行，五曰勾稽，六曰抄目。在这六个程序中，判案是最核心的工作。[3] 县尉作为一县的判官，"亲理庶务，分判众曹"，[4] 统管一县司法事务，拥有法定的初审权。案件的侦查与审讯首先由县尉主导。

---

① 宋祁等：《新唐书》卷49下《百官四下》，中华书局，1975，第1319页。
② 《唐六典》，中华书局，1992，第189页。
③ 李蓉：《唐代的主典》，《山峡学刊》1995年第1期，第86页。
④ 《唐六典》，中华书局，2014，第753页。

（张鷟为阳县县尉时，）有一客驴缰断，并鞍失三日，访不获，经县告。鷟推勘急，夜放驴出而藏其鞍，可直五千已来。鷟曰："此可知也。"令将却笼头放之，驴向旧喂处，鷟令搜其家，其鞍于草积下得之，人伏其计。①

获得确证后，县尉可直接裁断。贞元十三年（797），玄法寺僧法凑为寺众所诉，万年县尉卢伯达断其还俗。② 县尉做出裁断后，由县丞通判，县令决断。在四等官制下，任何案件都要"四等官同署，三官共判"。③ 一旦出现错案，四等官要依据责任大小承担连带责任。其中，长官与勾检官的责任最重，④ 从而使上位官员不敢轻易否定下位官员的意见。

县尉虽分判众曹，承担一县全部政务，但在案件的具体处理过程中，毕竟不能越过有关司法佐吏，需处理好和他们的关系。《封氏闻见记》卷九"解纷"条载：

熊曜为临清尉，以干蛊闻。太原守宋浑被人经采访使论告，使司差官领告事人就郡按之。行至临清，曜欲解其事，乃令曹官请假，而权判司法。及告事人至，置之县狱。曜就加抚慰，供其酒馔。夜深屏人与语，告以情事，欲令逃匿……曜令狱卒与脱锁，厚资给，送出城，并狱卒亦令逃窜。⑤

作为通判官的县丞，处在县令与县尉之间，对两者均有制约作用。沈亚之《县丞厅壁记》载："夫丞之职也，赞宰之政，以条诸曹。其有不便于民者，丞能得不可。"⑥ 县丞对包括司法事务在内的县务有否决权。在已发现的敦煌文书中，常会看到县丞参与审判的记载。不过，县丞既不具有初审权，又非最后的裁断者，在司法事务中的重要性远不及尉和令。一般而言，

---

① （唐）张鷟：《隋唐嘉话·朝野金载》，中华书局，1997，第109~110页。
② 《旧唐书》卷158《郑余庆传》，第4163页。
③ 黄正建主编《中晚唐社会与政治研究》，中国社会科学出版社，2006，第35页。
④ 刘俊文：《唐律疏议笺解》，中华书局，1996，第397页。
⑤ （唐）封演：《封氏闻见记校注》，赵贞信校注，中华书局，2008，第89页。
⑥ 《全唐文》卷736《县丞厅壁记》，中华书局，1983，第7600页。

只有当县令缺位，由其代行职权时，才能有所作为。武德时，唐临任万泉县丞，"县有轻囚十数人，会春暮时雨，临白令请出之，令不许。临曰：'明公若有所疑，临请自当其罪。'令因请假，临召囚悉令归家耕种，与之约，令归系所。囚等皆感恩贷，至时毕集诣狱，临因是知名"。① 唐临只有在县令请假时，才能对有关司法事务行使决定权。

勾检官负责审核、检查官吏行使权力过程中的"稽失"，县级官府中担当此任者为主簿与录事。《广异记》载："开元中，长安县尉裴龄常暴疾数日……堂前忽见二黄衫吏持牒云：'王追'……乃随吏去……前谓一官，云是主簿。主簿遣领付典，勘其罪福……须臾，王坐，主簿引龄入。王问：'何故追此人？'主簿云：'市吏便引，适以诘问。'"② 在案件开始时，先由主簿检核文案，让被告知悉被控事由，之后才进入正规庭审程序。审理开始时，也要由勾检官"检请"，署发文书。《冥报记》卷下载："法义自说，初死，有两人来取，乘空南行，至官府……官曰：'可将法义过录事。'录事署发文书，令送付判官。判官召主典取法义案，案簿甚多，盈一床，主典对法义前披捡之。"③ 这些传奇故事反映的程序应与现实基本一致。

审理结束后，总结文书的工作也由主簿、录事完成，④ 县级官府的所有司法文书只有经主簿和录事勾检后才能发出。尽管地位低微，但因职权重要，他们亦可利用此机会做手脚。《太平广记》载："唐乾封县录事祈万寿，性好杀人，县官每决罚人，皆从索钱，时未得与间，即取大杖打之，如此死者，不可胜数，囚徒见之，皆失魂魄，有少不称心，即就狱打之，困苦至垂死。"⑤

县令是县级官府的最高行政兼司法长官，有"审察冤屈，躬亲狱讼"⑥之责，各种司法事务均由其最终决断。因县令权重，一些人便在所部肆行猛政。当然，由于四等官的运行机制，县令也不能为所欲为。敦煌文书 P3813 号《文明判集残卷》载长安妇女阿刘新妇赵产子一案：

① 《旧唐书》卷 85《唐临传》，第 2811 页。
② （唐）戴孚：《广异记》，中华书局，1992，第 140~141 页。
③ （唐）唐临：《冥报记》（卷下），中华书局，1992，第 75 页。
④ 李蓉：《唐代的主典》，《山峡学刊》1995 年第 1 期，第 87 页。
⑤ 《太平广记》卷 126，中华书局，1981，第 891 页。
⑥ 《唐六典》，中华书局，2014，第 753 页。

奉判：长安姁女阿刘，新妇赵产子，刘往看，未到，闻啼声，乃却回。此豺狼之声，必灭吾族。赵闻之，遂不举。邻人告言堪当得赏。尉判赵当罪，丞断归罪于刘，县令判刘、赵俱免。三见不定，更请覆断。①

在本案中，竟出现了县尉、县丞、县令三种不同的审判意见，最终只能上报上级机关"更请覆断"，官员的横暴也因此受到了一定程度的制约。

（二）高丽县的司法权

高丽县级政权亦采用了司法、行政合一的体制，县令是一县的最高司法官。在制度上，高丽的县令亦如唐一样有"专城"之责，听讼是其重要的事务之一。与唐代不同的是，高丽县级政权的结构极为简单，未如州郡那样具备较为完整的四等官制。《高丽史》卷 77《百官二》载："诸县，文宗定令一人，七品以上；尉一人，八品。睿宗三，诸小县置监务。高宗四十三，罢诸县尉。"② 大县只有令与尉各一人，小县则只有监务一人。高宗四十三年（1256）后，大县之尉亦被裁撤，所有县只有县令或监务一人，他要负起从侦查到审讯再到裁断的所有司法事务。

因无四等官的制约，权力滥用相对容易，可高丽地方社会又有强大的"自治"传统，两者间的张力时或引发激烈冲突。史载："管城县令洪彦侵渔百姓，淫荒无度。吏民杀彦所爱妓，又杀妓母及兄弟，遂执彦幽之。有司按问，流首谋者五六人。彦亦废锢终身。"③ 在县尉被裁撤之前，令与尉的分工不明，县尉之权甚大，彼此常相互掣肘。史又载："富城县令与县尉不相能，害及无辜，一县不堪苦，遂杀尉衙宰仆及婢，因闭令尉衙门使不得出入。有司奏：'二县悖逆莫甚，请削官号，勿置令尉。'"④

从总体上看，以上情况并非常态。由于中央对地方的控制力弱，再加上地方存在乡吏这一地方贵族阶层，一般的情形是县令、监务的职权甚轻，基本难以正常行使权力。元天锡《送元承奉赴伊川监务诗并序》云："监务之

---

① 刘俊文：《敦煌吐鲁番法制文书考释》，中华书局，1989，第 446 页。
② 《高丽史》卷 77《百官二》，第 2469 页。
③ 《高丽史》卷 20《明宗二》，第 622 页。
④ 《高丽史》卷 20《明宗二》，第 622 页。

职，以我国家设官分职之制，从古以来，各司攸属，本把人吏之所受也。然专其城而牧民御吏之法，与州牧大官一也。但以位卑任重，间有其弊。"① 在制度上，县令、监务的权力与州郡长官一致，均有"专其城而牧民御吏"之权，可实际上，这些纸面上的权力很难落实。我们仅从"监务"这一名称就可窥知高丽对地方末端社会渗透与控制有限的信息。

崔瀣（1287~1340）为闵宗儒所写墓志提到墓主十九岁时，"调清道郡监务……清道邑多大姓，而监务秩卑，俱与之元礼，素号难治。而公少年未更事，人始易之。及其莅任，不受请谒，一切绳以法而无敢枝梧，以克治闻。罢秩"。② 闵宗儒虽出身世家大族，但在任监务时，亦面临难治的局面，主因就在地方上"大姓"阶层的存在。一般人可能因此而退避，闵宗儒却"一切绳以法"，有效地行使了制度上的权力，但他虽"以克治闻"，仍被罢免。这无疑会对县级官僚群体形成负面激励，更不敢也不愿"正常"行使权力了。

总之，抛开纸面的规定，就实践层面观察，高丽县级官员的司法权微弱，无法与唐相比。辛禑十四年（1388）九月，典法司上疏：

> 今后京外官司若有刑戮者，须令通报于司，按律行移，然后施行之，毋得擅行。但外官守令，则罪之。合于笞者，依律直行；杖者，报观察使，受命而施行；大辟，则除将军临战外，具罪状报都观察使，使转告于司，司按律可杀而后报都评议使，使具闻于上，上察而命司依律行移，而后施行之，则人无枉死者矣。……今后田民事一依前判，各还都官、版图；至于推征杂务，亦付主掌。开城府司则专修所职，判付都评议使，拟议施行。③

由此可知，即使是守令也只能对"合于笞者，依律直行"。而在唐代，县级机构便可执行杖罪。也就是说，即使在制度上，高丽县级机构的司法权也要较唐为弱。

---

① 元天锡：《耘谷行录》卷4《送元承奉赴伊川监务诗并序》，景仁文化社，1996，第192页。
② 崔瀣：《拙稿千百》卷1《有元高丽国故重大匡金议赞成事上护军判总部事致仕谥忠顺闵公墓志》，景仁文化社，1996，第7页。
③ 《高丽史》卷84《刑法一》，第2679页。

之所以如此，当有两方面的原因。首先，如上文所言，高丽一朝，中央权力对地方的渗透缓慢，中央集权体制未完全确立，全国有 2/3 的县为属县，未派遣中央官吏，政权由乡吏阶层把持；那些由中央流官直接治理的县，由于官府设置简单，以及他们在行使权力时会受到地方势力的强力影响，中央亦不愿赋予他们过多过大的权力。其次，高丽国土狭小，县的数量却甚众，每个县所辖面积与人口有限，实质不过是州郡的派出机构而已。《闵瑛墓志铭》称墓主"及一麾出守长渊县，以清白奉公，按部以理郡之事申报朝廷者再三"。[1] 闵瑛为县令，墓志却称他"理郡之事"。李奎报《南行月日记》载："又承朝旨，监诸郡冤狱。先指进礼县……令尉皆不在。"[2] 他奉旨"监诸郡冤狱"，具体则是去各县监督与视察，县为郡之派出机构的事实甚为明显，州郡才是中国制度语境中的地方初级行政层级。

正由于高丽县的这种特殊性，大量法律事务集中于郡一级，郡的法曹、掌书记们不得不整天忙于这些事务。李奎报曾任全州司录兼掌书记，却要经常处理大量法律事务。他在《南行月日记》中提到："出补全州幕府……而簿书狱讼，来相侵轶，只得一联一句。"[3]

在此制度下，一县之内，一般司法诉讼多不经官府，而由乡吏们解决。《宣和奉使高丽图经》卷 19 民长条载："民长之称，如乡兵、保伍之长也，即民中选富足者为之。其聚落大事，则赴官府；小事，则属之。故随所在细民颇尊事焉。"[4] 文中所谓"民长"就是乡吏。此时距成宗时已达百余年之久，成宗时乡吏集团在地方上的势力可想而知。

四　结语

一种制度，不论产生于多么先进、伟大的文明，总是特定政治、社会与文化乃至地理、族群与人口条件下的产物。它可能包含一些"普适性"因素，但"地方性"才是其本质特征。因此，尽管它可被移植，但

---

① 许兴植编《韩国金石全文》中世上，亚细亚文化社，1984，第 718 页。
② 李奎报：《东国李相国全集》卷 23《南行月日记》，景仁文化社，1996，第 530 页。
③ 李奎报：《东国李相国全集》卷 23《南行月日记》，景仁文化社，1996，第 529 页。
④ （宋）徐兢：《宣和奉使高丽图经》，近泽书店，1932，第 101 页。

于大不相同的环境中落实，就不能不从制度到实践发生多方面的变异。

首先，唐代地方司法制度的设立与有效运行存在一个隐含前提——中央集权体制确立，皇权强大，各种权力分工制衡，最终归于皇帝。这在高丽成宗模仿唐制创法立制时并不存在。相反，高丽王权试图通过对唐制基本框架的移植形塑社会，在半岛建成一个类似中国那样的中央集权、官僚治理的社会。这种以果导因的"反向操作"必然使制度在现实的冲撞下扭曲变形——在基层社会，司法基本为地方势力所把持，公正难以保障，大量案件被上诉至京城，最后演化为一种介于正式制度与非正式制度之间的机制。

其次，社会结构、文化普及程度、疆域大小乃至人口数量等方面的差异，使高丽既基本移植了唐的四等官制，又必须在制度与实践层面对之进行变异。在唐代，四等官各司其职，判官的作用最为重要，具有独立行使审判之权。高丽州郡一级的司法权却主要由法曹及司录、掌书记等相当于唐之司录参军与司录的官员行使，判官的地位不显。

在唐代的县级官府，县令为长官，通理全县政务；县丞为通判官，辅佐县令执行政务；县尉为判官，具体负责全县各项事务；主簿、录事为主典，负责勾检文书，监督县政。在司法权力的行使上，县尉的地位最为重要。在高丽，县级政权实质不过是州郡的派出机构，人员构成简单。在高丽前期，大县只有令与尉各一人，小县则只有监务一人。之后，大县之尉被裁，县令或监务需负担起从侦查到审讯再到裁断的全部司法事务。由于无四等官的制约，其权力容易滥用，真正起到制约作用的是地方社会的实质性权力结构。一县之内的诉讼多由"乡吏"解决。现实的社会结构，使中央政府赋予县级政权的制度性权力较唐代为少，只能直断笞罪，大量诉讼涌到了州郡。州郡才相当于古代中国完整意义上的初级地方行政单位。

总之，对外来制度的移植，最终不得不适应本土现实的社会结构、权力格局与文化状况。制度在形塑社会的同时，也不断为社会所改造：在不断碰撞、改进的过程中，社会既改变制度的外形，又调整制度的内涵，最终使制度"本地化"，降低其异质性。

从《漂海录》看儒家思想对
朝鲜士人的影响

——以朝鲜李朝士人崔溥为例

【内容提要】朝鲜李朝士人崔溥以其奇幻的漂海经历，向其国王成宗撰进《漂海录》。在漂流患难中，他秉持忠君、孝亲、循礼、仁爱之心，反对"淫祀"，纵屡经磨难，甚至生死考验而不改。身处异国，崔溥行事处处以儒家礼节为准则，团结、约束、维护同行人，又注重观测与记录他国山川地理、风土、运河与治水等，以国事为大，彰显了其经世之功。从《漂海录》中可见崔溥对儒家思想的践履，反映了儒家文化对朝鲜士人阶层的塑造。

【关键词】《漂海录》 朝鲜士人 儒家思想 崔溥

【作者简介】马季，南开大学历史学院博士研究生，日本爱知大学中国研究科联合培养博士研究生。

崔溥（1454~1504），字渊渊，号锦南，全罗道罗州（祖籍耽津）人，生于朝鲜王朝李朝时期（1392~1910），"于成化丁酉（1477），格进士试第三人；壬寅（1482），中文科乙科第一人"，"丙午（1486），中文科重试乙科第一人"。[①] 24 岁中进士，历任校书馆著作博士、军资监主簿、弘文馆副校理等职。据《朝鲜王朝实录》载："溥，公廉正直，博通经史，富于文

---

① 崔溥：《漂海录》卷 1，朴元熇校注，上海书店出版社，2013，第 30 页。

词。为谏官，知无不言，无所回避。"① 明弘治元年（1488）正月三十日，崔溥在济州任推刷敬差官，闻奴金莫"赍丧服来告臣父之丧"，② 立即决定渡海返里奔丧。闰正月初三日，崔氏一行43人从济州岛乘船出发，中途遭遇风暴，其船漂流至我国浙江台州府临海县，后经陆路、水路抵达北京，又过辽东回其本国朝鲜。回国后，崔溥遵奉王命，以日记形式用标准的汉文撰写了其在中国的行程记录，即《漂海录》一书。

学界对《漂海录》多有关注与研究，③ 如对明弘治初中国东南地区社会状况的探讨，④ 以及对明代运河、海防、漂海审理程序等的研究。⑤ 其中基于《漂海录》探究儒家思想对朝鲜士人的影响，有研究表明，"以格（物）、致（知）、诚（意）、正（心）为学的崔溥，时时事事处处力行践履儒家的生活准则。从崔氏其人看儒家思想对朝鲜的影响更有具体感"。⑥ 又有研究称，"崔溥的义理和士林意识使得在漂流至明朝和送还的过程中重视儒教性的礼仪，讲究上下尊卑和揖让进退的礼节"，⑦ 强调崔溥的儒学修养与士林意识，是促使他遵循儒家礼仪的内在因素，并推及儒家思想对朝鲜的影响。另外，王金龙的《从〈漂海录〉看崔溥其人》一文论证了崔溥忠、孝、礼、

① 《朝鲜燕山君日记》卷56，燕山君十年十月壬午，《朝鲜王朝实录》，韩国国史编纂委员会编刊，1953~1961，第13册，第669页。

② 崔溥：《漂海录》卷1，朴元熇校注，上海书店出版社，2013，第3页。

③ 参见葛振家主编《崔溥〈漂海录〉研究》，社会科学文献出版社，1995；葛振家：《崔溥〈漂海录〉价值再探析》，第三届亚太地区韩国学国际学术会议，1996；朴元熇：《崔溥〈漂海录〉分析研究》，上海书店出版社，2014。

④ 范金民：《朝鲜人崔溥〈漂海录〉所见中国大运河风情》，《光明日报》2009年2月24日，第2版；潘承玉：《明清绍兴的人口规模与"士多"现象——韩国崔溥〈漂海录〉有关绍兴记载解读》，《浙江社会科学》2011年第2期；曹永禄：《崔溥之漂海录所描写之十五世纪下半期中国——朝鲜士人官僚之批判性观察》，《第六届明史国际学术讨论会论文集》，1995。

⑤ 金健人、鲍先元：《崔溥之旅——大运河中韩交流圈》，《当代韩国》2009年第3期；胡梦飞：《朝鲜人视野中的明代苏北运河风情——以崔溥〈漂海录〉为视角》，《辽宁行政学院学报》2014年第2期；金在先：《崔溥〈漂海录〉与明代海防》，《第一届中国域外汉籍国际学术会议论文集》，台北国学文献馆，1987；《明代朝鲜漂流民的遣返程序和情报传达——以〈漂海录〉为中心》，朴元熇：《崔溥〈漂海录〉分析研究》，上海书店出版社，2014。

⑥ 《〈漂海录〉学术价值再探》，葛振家主编《崔溥〈漂海录〉研究》，社会科学文献出版社，1995，第29页。

⑦ 김봉곤：《崔溥의中國漂海와儒學思想》，《韩国思想史学》第四十辑，韩国思想史学会，2012，第68页。

义、仁、廉兼备，认为他的主体精神是儒教"入世"、积极、进取的，为真儒士也，旨在从崔溥看朝鲜儒家思想及中国儒学之东渐。①

回顾前人研究，多以崔溥个人儒学修养为研究基点，探讨儒家思想对朝鲜的影响。而本文拟以崔溥及其所撰《漂海录》为中心，并结合他在朝鲜本国的经历，探究崔溥对儒家思想的践履，可以从侧面反映出中国儒家文化传入朝鲜后，对朝鲜士人的塑造。不当之处，敬请方家指正。

一 崔溥对儒家忠孝观的践行

我国南宋大儒朱熹集理学之大成，形成独具体系的学术流派，即"朱子学"，亦称"程朱理学"。"朱子学"在13世纪末高丽王朝后期传入朝鲜，到李朝时期，朝鲜官方大力吸纳与推广儒学，"至第九代成宗时，文物制度皆已确立，儒教思想皆已普及于庶民阶层，奠定了朝鲜王朝五百年的基础"。②"朱子学"成为朝鲜官方主流思想。其中，朱子学主张忠、孝一体，"求忠臣必于孝子之门"，要求士人"出则事公卿，入则事父兄"。③ 士人崔溥"以经学穷理为业"，④ 突遇海难，在困境中，始终坚守与践行儒家的忠孝观。

（一）为臣尽忠

其一，心怀君恩。弘治元年（1488）四月十一日，崔溥在玉河馆遇通晓朝鲜语的王能。王能曰："遭批恶风，过尽大海，一无亡失，千古所稀。想必你于平昔积善所致也。"崔溥立刻回言："此是皇恩覆冒，使万物各得其所，故我等亦幸得保此生也。"⑤ 将生还之运，归于朝鲜国君的"皇恩"。又如，四月二十七日，崔溥在渔阳驿见朝鲜使臣，得知"上闻尔漂海无归处，启下礼曹，令各道观察使通谕沿海各官，不轻搜觅，急速启闻"，崔溥更感君恩，伏拜退舍，言："我等，小民也……岂意圣念及于小民若此若

---

① 王金龙：《从〈漂海录〉看崔溥其人》，《韩国研究》2019年第11期。
② 柳承国：《韩国儒学史》，傅济功译，台湾商务印书馆，1989，第114页。
③ 杨伯峻：《论语译注》，中华书局，1980，第92页。
④ 崔溥：《漂海录》卷2，朴元熇校注，上海书店出版社，2013，第78页。
⑤ 崔溥：《漂海录》卷3，朴元熇校注，上海书店出版社，2013，第129页。

此？圣念若此，我等所以万死得一生也。"①

其二，维护国王的尊严。弘治元年（1488）闰正月二十二日，崔溥一行人至海门卫桃渚所，一名中国官员问："你国王姓讳何？"崔溥曰："孝子不忍举父母之名，故闻人过失，如闻父母之名。况为臣子，岂可以国君之讳，轻与人说乎？"拒绝回答。中国官员追问："越界无妨。"崔溥坚决不允，曰："为人臣者，岂可以越界而负其国、异其行、变其言乎？我则不如是也。"② 崔溥坚守"忠君"的儒家伦理，拒绝回答中国官员的无礼询问，维护了国君的尊严。

其三，感恩朝鲜国王的"事大"之德。朝鲜李朝建国，学习中国制度，树立儒家理念，中朝两国间形成了一种特有的封贡关系，即"事大主义"。李朝建立伊始，国王李成桂即遣使赴明通禀，明太祖朱元璋表示："高丽僻处东隅，非中国所治。"③ 即承认了李朝的独立自主。李成桂自称："朝鲜本是礼义之邦，太祖高皇帝以来，待本国之礼，非他国比也。"④ 至朝鲜仁祖朝，掌令洪翼汉也表明："我国素以礼义闻天下，称之以小中华，而列圣相承，事大一心，恪且勤矣。"⑤ 崔溥亦自言，"盖我朝鲜，地虽海外，衣冠文物悉同中国，则不可以外国视也"，"岂以地方远近分内外哉"。⑥ 可见，"以小事大"的保国之道为李朝政府所尊奉。有明一代，中朝两国往来密切，使节名目之多，来往之频繁，在中朝关系史上可谓罕见。

在漂流患难期间，崔溥也一再感念国王的"事大"之德，如弘治元年闰正月二十日，在桃渚所，一官人问崔溥："你国王称皇帝否"，答曰："天无二日，安有一天之下有二皇帝乎？我王诚心事大而已。"⑦ 至四月二十日，崔溥一众人抵达北京，受到了明孝宗的接见与赏赐。为此，崔溥对随从人员强调，"帝之抚我赏我，都是我王畏天事大之德，非汝等所自致。汝其勿忘

① 崔溥：《漂海录》卷3，朴元熇校注，上海书店出版社，2013，第142页。
② 崔溥：《漂海录》卷1，朴元熇校注，上海书店出版社，2013，第34页。
③ 《明史》卷320《朝鲜传》，中华书局，1974年标点本，第8283页。
④ 《朝鲜世祖实录》卷19，世祖六年三月乙卯，《朝鲜王朝实录》，韩国国史编纂委员会编刊，1953~1961，第7册，第374页。
⑤ 《朝鲜仁祖实录》卷32，仁祖十四年二月丙申，《朝鲜王朝实录》，韩国国史编纂委员会编刊，1953~1961，第34册，第624页。
⑥ 崔溥：《漂海录》卷1，朴元熇校注，上海书店出版社，2013，第38页。
⑦ 崔溥：《漂海录》卷1，朴元熇校注，上海书店出版社，2013，第28页。

我王之德"，① 将明孝宗的恩惠归于朝鲜国王"事大"的功德。

又五月十九日，崔溥一行人至广宁驿，即将离开中国，随行人程保言："今我等屡经患难，俱无死伤，此一幸也……今我等一无被拘困苦，到处皆敬待，饱以餐饭，此二幸也……今我等到皇都，皇帝有赏赐，到广宁，镇守、三司赐衣裳帽靴，军人空手而来负重而还，此三幸也。凡此三幸，莫知其所由致也。"崔溥立即表示此"三幸"，"皆由我圣上仁以抚众，诚以事大之德也"。② 凡此可知，崔溥感念国王"事大之德"的诚心。

总之，士人崔溥在患难漂流中，不忘君恩，维护国王的尊严，并将他们所受恩遇归为朝鲜国王对明奉行"事大"之德所致，集中反映了崔溥"事君以忠"的忠君思想。③

（二）为子尽孝

儒家学说以"孝悌忠信"为主要内容，而将"孝"放于首位，强调"人之行，莫大于孝"，父母丧，人子"守孝三年"。④ 此外，在国家治理层面，儒学主张"明王以孝治天下"，⑤ 推行以孝治国，认为"其为人也孝悌，而好犯上者，鲜矣"。⑥ 士人崔溥生于明中期，适逢朝鲜朱子学盛行之时，自幼习学的崔溥颇受朱子学熏陶，在漂流患难中践行着朱子孝礼。

其一，不惧风涛，冒险渡海奔丧。正月的济州岛不宜渡海，"大抵每岁正月，正当隆寒之极，飑风怒号，巨涛震激，乘船者所忌"。⑦ 济州当地人劝阻崔溥曰："汉拿山若阴雨不调，必有风变，不可乘船。"⑧ 崔溥自然知晓此时渡海的危险，但为给父奔丧，坚持渡海返里，终致漂流海上。

其二，临危不撤丧服。弘治元年（1488）闰正月十二日，崔氏一行人"遇贼于宁波府界"，程保等跪劝曰："请解丧服，权着纱帽、团领，以示官人之仪。不然则彼必哄我为劫贼，加以僇辱矣。"崔溥不从，曰："天理本

---

① 崔溥：《漂海录》卷 3，朴元熇校注，上海书店出版社，2013，第 134 页。
② 崔溥：《漂海录》卷 3，朴元熇校注，上海书店出版社，2013，第 154 页。
③ 杨伯峻：《论语译注》，中华书局，1980，第 23 页。
④ 《礼记·孝经》，胡平生、陈美兰译注，中华书局，2007，第 248 页。
⑤ 《礼记·孝经》，胡平生、陈美兰译注，中华书局，2007，第 244 页。
⑥ 杨伯峻：《论语译注》，中华书局，1980，第 2 页。
⑦ 崔溥：《漂海录》卷 1，朴元熇校注，上海书店出版社，2013，第 19 页。
⑧ 崔溥：《漂海录》卷 1，朴元熇校注，上海书店出版社，2013，第 5 页。

直,安可违天以行诈乎?"① 十六日,泊于牛头外洋,程保再次苦劝崔溥,不示官人之宜,"以招贼人,几不免死",请"今宜从权具冠带"。崔溥曰:"释丧即吉,非孝也;以诈欺人,非信也。宁至于死,不忍处非孝非信之地。吾当顺受以正。"② 纵面临生死关头,崔溥仍坚持循孝礼,不撤丧服。

其三,拒撤孝服,放弃面圣。又四月十九日,崔溥一行人在北京玉河馆,诣礼部,得知次日明孝宗接见,需撤丧服换吉服。崔溥言:"当丧即吉,恐不合于礼;且以丧服入朝,义又不可。"为此,他竟放弃面圣受赏的机会"独留馆",而命随从程保等人代替面圣。然而,据礼节,受赏者次日须亲去谢恩礼拜。该日通事李翔引崔溥,"步至长安门,犹不忍穿吉服"。李翔急得摘下他的丧冠,"时皇城外门已启钥,常参朝官,鱼贯而入",崔溥才"迫于事势,服吉服入阙",完毕后立即"复穿丧服"。③ 可见崔溥对儒家孝礼的尊崇。韩国学者高柄翊认为:"在礼制的发源地中国,面对礼部的官吏,坚持身着丧服毫不让步,这件事颇令人注目。李朝士大夫对儒家礼法多么固着不离,尤其对丧制礼节力守不移秋毫不敢违误。"④

其四,不饮酒茹荤,循孝礼。闰正月十八日,隐儒王乙源设酒宴请,崔溥曰:"我朝鲜人守亲丧,不饮酒食肉茹荤及甘旨之味,以终三年。蒙馈酒,感恩则已深矣。然,我今当丧,敢辞。"⑤ 在他的坚持下,乙源遂以茶代酒而宴。次日,崔溥一行人至海门卫桃渚所公馆,一人问"你奔丧,可行朱文公《家礼》乎",溥答曰:"我国人守丧皆一遵《家礼》,我当从之。但为风俗所逆,迨今不得哭于柩前,所以痛哭。"⑥ 返国后,崔溥回罗州守孝,朝鲜文臣尹孝孙曾遣子向崔溥就学,目睹了他在守丧期间"恒在墓侧,朝夕必亲执馔具,虽职分为当,诚孝出于天性,一乡推服",⑦ 可见崔溥孝亲之诚。

总之,崔溥历经考验,为臣尽忠,怀君恩,感国王"事大"之德,坚

---

① 崔溥:《漂海录》卷1,朴元熇校注,上海书店出版社,2013,第12~13页。
② 崔溥:《漂海录》卷1,朴元熇校注,上海书店出版社,2013,第18页。
③ 崔溥:《漂海录》卷3,朴元熇校注,上海书店出版社,2013,第131~133页。
④ 高柄翊:《东亚交涉史的研究》,汉城大学出版部,1983,第123页。
⑤ 崔溥:《漂海录》卷1,朴元熇校注,上海书店出版社,2013,第21页。
⑥ 崔溥:《漂海录》卷1,朴元熇校注,上海书店出版社,2013,第24页。
⑦ 《朝鲜成宗实录》卷276,成宗二十四年四月癸丑,《朝鲜王朝实录》,韩国国史编纂委员会编刊,1953~1961,第12册,第300页。

定维护国王的尊严；为子尽孝，冒险渡海奔丧，不撤丧服，不饮酒，不茹荤。朝鲜文臣李克均、郑崇祖等赞"崔溥素有操行，其守丧也，庐墓三年，绝不归家，非诚孝之至而然欤"。① 对崔溥的忠孝节行给予了充分的肯定，由崔溥推及李朝士大夫，可知儒家思想对朝鲜士人的塑造之深。

二　儒家仁、礼思想对崔溥的影响

儒家在忠君、孝亲等伦理纲常外，仁、礼思想是其主要内容。儒家仁、礼思想主张"仁者爱人，有礼者敬人"。② 崔溥生于仕宦之家，"罗州人。进士讳泽之子也。生有异质，刚毅精敏。即长，治经属文，卓冠时辈。年二十四，中进士第三"。③ 少有才名，"以格致诚正为学"，④ 在漂海患难中，崔溥立身处世始终以仁、礼思想为依归。

（一）秉持仁爱之心

儒家重"仁"，主张"入则孝，出则悌，谨而信，泛爱众，而亲仁"。⑤ 崔溥漂海遇难，纵处绝望之际，仍怀仁爱之心，并引导同行人之间相互友爱。其表现如下。

其一，临危彰显仁爱。弘治元年（1488）闰正月初五日，崔氏一行人漂泊海上，"至夜，雨少止，怒涛如山，高若出青天，下若入深渊，奔冲击跃，声裂天地，胥溺臭败，决在呼吸间"，面临船覆蹈海的生命危险。彼时，崔溥"替换衣服，以待天命之至"，援手祝天曰：

> 臣在世，唯忠孝友爱为心，心无欺罔，身无仇冤，手无杀害，天虽高高，实所鉴临。今又奉君命而往，奔父丧而归。臣不知有何罪咎？倘臣有罪，罚及臣身可也。同舟四十余人，无罪见溺，天其敢不矜怜乎？

---

① 《朝鲜成宗实录》卷 276，成宗二十四年四月癸丑，《朝鲜王朝实录》，韩国国史编纂委员会编刊，1953~1961，第 12 册，第 300 页。
② 杨伯俊：《孟子译注》，中华书局，1960，第 197 页。
③ 崔溥：《〈锦南集〉序》，韩国民族文化推进会，1988 年影印本。
④ 崔溥：《漂海录》卷 1，朴元熇校注，上海书店出版社，2013，第 24 页。
⑤ 杨伯峻：《论语译注》，中华书局，1980，第 4~5 页。

天若哀此穷人，返风息涛，使臣得再生于世，葬臣新死之父，养臣垂老之母，幸又得鞠躬于丹墀之下，然后虽万死无生，臣实甘心。①

崔溥"临终"，回顾生平所为，唯忠孝友爱，依礼而行。可知，面临大难，崔溥顾念的仍是父亲的丧事，年迈的母亲，及同行人的安危，彰显了其"仁爱"之心。

其二，要求同行人间相互友爱。正月十七日，崔氏一行人在经历了海上风涛之险后，舍舟登陆。崔溥宽慰陪臣、军属曰："同此生死之苦，无异骨肉之亲。自此相保，则可以全身而还。汝等若遇患难则同救之，得一饭则分吃之，有疾病则相扶持之，无一人亡失可也。"众人皆曰："唯命。"② 崔溥要求同行人相互帮扶、友爱，可见其仁爱之心。

（二）约己守礼

"礼"作为儒家思想的重要内容，"礼之用，和为贵……有所不行，知和而和，不以礼节之，亦不可行也"，③ 是后世儒家士子立身行事的依归。反之，"礼"对人又有约束作用，"君子博学于文，约之以礼"。④ 崔溥在患难漂流中，凡事依礼而行，约束自己与同行人，又以礼维护同行人的利益。

其一，以礼约束自己与同行人。弘治元年（1488）闰正月十七日，崔溥一行人登陆，在与明朝人的接触中，崔溥对同行人言："我国本礼义之国，虽漂奔窘遽之间，亦当示以威仪，使此地人知我国礼节如是。"要求同行人"凡所到处，陪吏等拜跪于我，军人等拜跪于陪吏，无有过差。且或于里前，或于城中，有群聚来观者，必作揖礼，无敢肆突"，要求同行人遵循礼节，众人皆曰"唯命"。⑤ 可见崔溥对儒家礼节的深度认同，进而使其推及他人，体现了儒家"恭近于礼，远耻辱也"⑥ 的待人处世准则。

其二，以礼维护同行人。二月二十五日，崔氏一行人过高邮州，至界首

① 崔溥：《漂海录》卷1，朴元熇校注，上海书店出版社，2013，第8页。
② 崔溥：《漂海录》卷1，朴元熇校注，上海书店出版社，2013，第20页。
③ 杨伯峻：《论语译注》，中华书局，1980，第8页。
④ 杨伯峻：《论语译注》，中华书局，1980，第63页。
⑤ 崔溥：《漂海录》卷1，朴元熇校注，上海书店出版社，2013，第20页。
⑥ 杨伯峻：《论语译注》，中华书局，1980，第8页。

驿时，"萱贪婪无比，奸诈莫甚，至是怒我军人金粟诉诸旺，旺拿粟决杖十余"。对于陈萱的蛮横行径，崔溥令程保告于杨旺，曰："指挥当护送我等而已，擅自决杖我异国人，亦有法文乎？我有军众，实同盲哑。虽或违误，便当开说，在所矜恤，反为伤打，非上国护送远人之道也。"① 崔溥以待远人之礼抗议，言之有理有据，杨旺不能答一语，遂使金粟免于杖责，让随行的中国人都感到惊叹与敬佩。崔溥得因于对儒家礼仪的熟稔与践履，在关键时刻，保护了同行人。

（三）反对"淫祀"

崔溥尊崇"务民之义，敬鬼神而远之"② 的儒家鬼神观，以及"非其鬼而祭之，谄也"③ 的祭祀观，主张以礼祭之，反对淫祀。

其一，漂流海上，反对祭海神。弘治元年（1488）闰正月初六夜晚，同行人安义诡言："尝闻海有龙神，甚贪，请投行李有物，以禳谢之。"崔溥"不之应"，但是舟中人纷纷附和安义，"曰：'人有此身，然后有此物，此物皆身外物。'争检有染衣服、军器、铁器、口粮等物，投诸海"，崔溥仍不为所动，并对舟中人的行为加以禁止，但却"莫之能禁"。④

至闰正月十四日，同行人久历漂海之苦，满腹怨气，遂将漂海遇难之由归结于崔溥不祭祀，如：

> 安义与军人等相与言，使之闻之于臣曰："此行所以至于漂死者，我知之矣。……今此敬差官特大言非之，来不祭无等、锦城之祠，去不祭广壤诸祠。慢神不敬，神亦不恤，使至此极，尚谁咎哉？"军人和之，咸咎臣。

为此，崔溥反驳曰："尔军人皆诚心斋祭而来，神若有灵，岂以我一人不祭之故，废尔四十余人斋祭之诚也？"漂船遇难"专是行李颠倒，不善侯风之所致"，强调"祭有常等，士庶人而祭山川，非礼也。非礼之祭，乃淫祀也。

---

① 崔溥：《漂海录》卷 2，朴元熇校注，上海书店出版社，2013，第 92 页。
② 杨伯峻：《论语译注》，中华书局，1980，第 61 页。
③ 杨伯峻：《论语译注》，中华书局，1980，第 22 页。
④ 崔溥：《漂海录》卷 1，朴元熇校注，上海书店出版社，2013，第 9 页。

淫祀以获福者，我未之见也"，① 反对"淫祀"。

其二，登陆后，拒绝祭祀山川鬼神。二月十一日，崔溥一行人在杭州武林驿，掌驿中事者顾壁问崔溥曰："凡人不事佛，则必祀神，然则你国事鬼神否？"崔溥答曰："国人皆建祠堂，以祭祖祢，事其当事之鬼神，不尚淫祀。"② 再次表明了不事鬼神，以礼祭之，不淫祀的立场。

又三月初十日，崔溥一行人至开河驿，过山神庙，"杨旺与其徒入庙中，焚香礼神以祭，令臣等亦拜"。崔溥断然拒绝，言："祭山川，诸侯事。为士庶人者，特祭祖考耳。少踰其分，非礼也。非礼之祭，人为谄，神不享，故我在本国，不敢拜山川之神，况可拜异国之祠乎？"③ 再次反对"淫祀"。

总之，崔溥无论漂流海上，面对同行人的诘难，还是尔后登陆，面对异国人的质疑，甚至面临生死抉择之时，始终坚守、维护与践行了儒家的仁、礼与祭祀观，反对"淫祀"，实乃一真儒士也。

三 崔溥的经世之功

由前文可知，朝鲜士人崔溥对儒家忠、孝、仁、礼以及祭祀等思想皆遵奉不移，进而论及儒家的经世思想，崔溥亦多推崇与践行，彰显了其经世之功。儒家经世思想，即"经纶天下"，"立天下之大本，知天地之化育"。④ 崔溥患难漂流大洋，登陆在言语不通、人地两生的异国他乡，面临困境，仍怀经邦济世的情怀并予以践行，颇具经世之功。

（一）注重考察记录

明代朝鲜使臣的贡道，由鸭绿江经辽东入山海关到北京，⑤ 或由海路舶船至中国山东登州、莱州，抵达北京，⑥ 以致明朝时朝鲜人极少能深入中国内陆地区。登陆后，崔溥敏锐意识到"我国人物，亲见大江以南者，近古

---

① 崔溥：《漂海录》卷1，朴元熇校注，上海书店出版社，2013，第16~17页。
② 崔溥：《漂海录》卷2，朴元熇校注，上海书店出版社，2013，第65页。
③ 崔溥：《漂海录》卷2，朴元熇校注，上海书店出版社，2013，第107页。
④ （南宋）朱熹：《四书章句集注》，中华书局，2011，第39页。
⑤ （明）申时行：《大明会典》卷105《朝贡》，中华书局，1988，第571页。
⑥ 《明史》卷320《朝鲜》，中华书局，1974年标点本，第8306页。

所无"，① 此次深入中国江南地区，是一次考察中国南方的绝佳机会。因而，崔溥一路尤为注重考察记录。

其一，不顾艰险，观标记录。崔溥等一行人在中国官员的护送下，一路沿运河北上。在行程中，崔溥不顾艰险，"令陪吏四人逐日观标榜，问地方，挂一漏万，记其大略耳"，并坚持亲自日录所见所闻，"不敢观望游赏"。② 由此，崔溥记录下了弘治初年我国长江南北地区的许多状况，成书《漂海录》三卷，留下了珍贵的一手材料，展现了崔溥的经世之功。

又如弘治元年（1488）三月五日，崔溥一行人至黄家闸，"闸上有眉山万翼碑"，崔溥觉察到该碑文的重要性，遂遣程保告于护送官员杨旺，请求查看，却遭到杨旺的拒绝，但崔溥再三恳求，"强而后许之"，才得以录下了万翼碑文。碑文记录了明太祖、太宗修复运河，至明英宗"丕缵洪休，益笃前烈"，召有司立闸通水，设官管理，"自是舟楫往来，无复前患"③ 等泽被后世、造福万民的功绩，万翼碑文体现了明朝帝王重水利、民生的思想。崔溥执意录下碑文，将重水利、民生的思想介绍给朝鲜成宗，从侧面表现了崔溥的经世思想与功绩。

其二，重视对运河的考察与记载。大运河是明代最繁忙的交通线，南北官私商品最主要的运输通道，东西洋、日本和琉球等各国使节均取道运河北上进京，崔溥也是沿运河抵京。

大运河的政治、经济价值自然引起了崔溥的重视，他尤为注重对大运河的考察与记录。如记录大运河水利设施的运作原理，"水泻则置堰坝以防之，水淤则置堤塘以捍之，水浅则置闸以贮之，水急则置洪以逆之，水会则置嘴以分治"，甚至对堤坝、堰闸的构筑都进行了详细描绘：

坝之制：限二水内外两旁石筑作堰，堰之上植二石柱，柱上横木如门，横木凿一大孔，又植木柱当横木之孔，可以轮回之。柱间凿乱孔，又劈竹为绚缠身结于木柱，以短木争植乱孔以戾之。挽身而上，上坝逆而难，下坝顺而易。闸之制：两岸筑石堤，中可容过一船。又以广板塞

① 崔溥：《漂海录》卷3，朴元熇校注，上海书店出版社，2013，第152页。
② 崔溥：《漂海录》卷3，朴元熇校注，上海书店出版社，2013，第166页。
③ 崔溥：《漂海录》卷2，朴元熇校注，上海书店出版社，2013，第101~102页。

其流以贮水，板之多少随水浅深。又设木桥于堤上，以通人往来。又植二柱于木桥两傍（旁），如坝之制，船至则撤其桥，以索系之柱，勾上广板通其流，然后扯舟以过，舟过复塞之。[①]

崔溥以亲历所闻，对中国运河的堤坝、堰闸进行了细致记录，介绍了大运河的构筑、运行原理，向成宗传达了重水利的理念，表现了崔溥的经世之功。

（二）引进水车

崔溥在途经绍兴附近时，目睹了中国灌溉水车用力少、出水多的优点，遂萌生了学习制作水车并引进朝鲜的想法。

弘治元年（1488）三月二十三日，崔溥一行至静海县，他即向护送的官员傅荣请"学水车之制"，傅荣回"水车只用汲水而已，不足学也"，拒绝教授。但崔溥坚持，曰："我国多水田，屡值旱干。若学此制，以教东民，以益农务，则足下一唇舌之劳，可为我东人千万世无穷之利也。望深究其制，有未尽，则问诸水夫，明以教我。"傅荣被劝服，"食顷间，荣略语机形之制、运用之方"。[②] 归国后，崔溥即向朝鲜成宗请引进中国水车，受到成宗的准允，命曰："闻崔溥到中国得见水车制度而来。其令巧性木工，听溥指挥，造作上送。"[③]

崔溥引进的中国水车，后在朝鲜发挥了实效。燕山君二年（1496），朝鲜湖西地区大旱，崔溥遵奉王命前往传授水车制法，利用水车取水灌溉缓解了灾情，是为其一大经世功劳。

（三）以国事为大

儒家"治国平天下"的经世思想，是士人们的终极追求，其中以国事为大，是士人们遵循的首要理念，也是崔溥在患难中所秉持的重要原则。表现在以下方面。

其一，先撰进，后奔丧。崔溥在漂流期间始终坚持以孝为先，但回国

---

① 崔溥：《漂海录》卷3，朴元熇校注，上海书店出版社，2013，第163页。
② 崔溥：《漂海录》卷2，朴元熇校注，上海书店出版社，2013，第118~119页。
③ 《朝鲜成宗实录》卷217，成宗十九年六月丙辰，《朝鲜王朝实录》，韩国国史编纂委员会编刊，1953~1961，第11册，第352页。

后，被"命撰日记"，崔溥毅然接受王命，先撰《漂海录》，后奔丧守孝。崔溥的撰进，受到了朝鲜成宗的赞赏，传曰："溥可用人，今又漂泊万里，无恙生还。其叙用之命，当在丧毕之后。"① 可见崔溥以国事为重，将家事放之其次。

但崔溥回国先撰书后奔丧，被朝鲜文臣指摘有悖孝礼。朝鲜成宗二十二年（1491），崔溥服丧结束，被任命为承议郎、司宪府持平。但司谏院却逾月不下达"署经"，即现今的人事任免通知书。崔溥向成宗自述："臣拜本职有日，司谏院不署经，请避。"为此，成宗命问司谏院理由，司谏院正言赵珩回对："崔溥曾遭父丧，漂到上国……及还本国，虽有撰日记之命，当上书陈哀，亟归殡侧。乃累日留京，从容撰记，殊无哀痛之心，有愧名教。"② 又有司谏院正言李继孟指责崔溥："虽有上命，何至淹留，从容撰述乎？朝臣往见，无不迎接，历陈所见，略无哀痛之心。其得罪于名教大矣，安可以持平之任，授此人乎？"③ 成宗被迫解除崔溥持平之职。

朝鲜史臣评："溥若于此时辞谢，请奔丧觐母然后撰集日记，则上必从之，人无闲言矣。今不能所以招后日之议也。然以是为身累则过矣。"④ 观朝鲜诸臣攻击崔溥奔丧前，撰进、接友违背孝道，竟迫使成宗收回王命。从此方面可见儒家思想在朝鲜李朝时期的官方主流思想地位，其对朝鲜士人的塑造可谓深刻。

其二，谨守国家机密。弘治元年（1488）闰正月二十一日，崔氏一行人抵海门卫桃渚所，当地人问崔溥曰："汝国……兵粮约有几何？"兵粮涉及国家军事机密，崔溥机敏回言："兵粮则我以儒臣，未曾经谙，未详其数。"⑤ 次日，守臣薛旻又谓崔溥曰："你既为军资监主簿，何以曰不知兵粮之数？"崔溥又回曰："我为军资监，未满月见递，故未详其数。"⑥ 巧妙地再次予以

---

① 《朝鲜成宗实录》卷 217，成宗十九年六月丙午，《朝鲜王朝实录》，韩国国史编纂委员会编刊，1953~1961，第 11 册，第 349 页。

② 《朝鲜成宗实录》卷 261，成宗二十三年正月丙子，《朝鲜王朝实录》，韩国国史编纂委员会编刊，1953~1961，第 12 册，第 129 页。

③ 《朝鲜成宗实录》卷 261，成宗二十三年正月庚辰，《朝鲜王朝实录》，韩国国史编纂委员会编刊，1953~1961，第 12 册，第 131 页。

④ 《朝鲜成宗实录》卷 217，成宗十九年六月丙午，《朝鲜王朝实录》，韩国国史编纂委员会编刊，1953~1961，第 11 册，第 349 页。

⑤ 崔溥：《漂海录》卷 1，朴元熇校注，上海书店出版社，2013，第 30 页。

⑥ 崔溥：《漂海录》卷 1，朴元熇校注，上海书店出版社，2013，第 33 页。

回避，谨守国家军事机密。

综上，崔溥作为一名朝鲜士人，患难漂流异国，不顾艰险，注重记录他国山川、地理、运河、治水等，又重民生，引进水车，以国事为大，颇具经世之功，也印证了相关学者的研究："韩国不仅是世界上最早输入儒家文化的国家……它是比儒学的诞生地中国更加遵从儒家文化的国家。"①

四 余论

本文围绕朝鲜李朝士人崔溥及其《漂海录》一书，考察儒家思想对朝鲜士人的塑造。从中我们可以得出以下几点认识。

其一，公元前 284 年前后，儒学传入朝鲜地区，公元 4 世纪，百济设立五经博士制度，新罗时期（前 59 ~ 935），于公元 682 年定儒家经典为"国学"，忠、孝、信、义等思想发展为具有朝鲜文化特色的"新罗精神"。继新罗而起的高丽王朝（918 ~ 1392），在文教、取士等制度上仿唐宋之制，"旧慕唐风，文物礼乐，悉遵其制"。② 明朝时朱子学传至朝鲜，被当作官方主流思想，"家家皆以孝悌忠信为业"，③ "人皆以入孝出恭、忠君信友为职分事"，④ 如有学者研究表明，"给韩国影响最大的中国文化是儒教文化（儒学、政治制度——包括科举制度、教育制度和生活伦理）"。⑤ 崔溥出自仕宦之家，自小接受儒教教育，"我国人生子，先教以《小学》《家礼》，科举亦取精通者，及其治丧居家，一皆遵之"，⑥ 又青年中举，可谓一名典型的朝鲜儒学士子。

从《漂海录》中可以看出崔溥对儒家忠、孝、仁、礼以及祭祀等思想的尊奉，他处处以儒家礼节行事，守孝不释丧服、不茹荤、不饮酒，不事鬼神，以礼祭之，反对"淫祀"。又或是在与明朝人的接触中，面临质疑、轻蔑与诘难，崔溥约束、团结与维护同行人，坚定地维护朝鲜国君的尊严与国

① 徐远和：《儒家思想与东亚社会发展模式》，广西人民出版社，2002，第 210 页。
② 郑麟趾：《高丽史》卷 2，《四库全书存目丛书》，齐鲁书社，1996，史部第 159 册，第 65 页。
③ 崔溥：《漂海录》卷 1，朴元熇校注，上海书店出版社，2013，第 21 页。
④ 崔溥：《漂海录》卷 2，朴元熇校注，上海书店出版社，2013，第 64 ~ 65 页。
⑤ 全海宗：《中韩关系史论集》，全善姬译，中国社会科学出版社，1997，第 21 页。
⑥ 崔溥：《漂海录》卷 3，朴元熇校注，上海书店出版社，2013，第 123 页。

家的利益。朝鲜成宗称赞崔溥"跋涉死地，亦能华国"。① 可见，士人崔溥对儒家思想的深度认同与践履，亦反映出儒家思想对崔溥的深度塑造。

其二，朝鲜李朝与明朝建立了密切的宗藩关系，对明奉行"事大"主义的保国之道，"朝鲜益近，而事大之礼益恭，朝廷亦待以加礼，他国不敢望也"，有明一代，朝鲜使臣频繁与贡，"岁辄四五至焉"，② 中朝两国在政治、外交、经济、文化等各个方面建立了友好、密切的关系。作为士人、官僚的崔溥对本国的"事大"主义不可谓不熟稔，他将生还之运与所受恩惠，均归为朝鲜国王的"事大"之德，表现了朝鲜士人奉"事大"主义以及怀儒家忠君、体国的思想。

其三，崔溥漂流异国，注重观察、记录，在其所撰的《漂海录》中多有对中国运河、治水的记载，如坚持录万翼碑文，扬明朝诸帝治水之功，引进中国水车，并亲自用之去缓解朝鲜旱灾，彰显了崔溥的经世之功。又承王命，先撰进《漂海录》，将丧父的悲怆置于其次，重国事轻家事，集中表现了崔溥的经世情怀。同时，也因崔溥先撰进后守孝，被部分朝鲜官员指摘有违儒家孝道，竟迫使成宗收回对崔溥的任命，从侧面反映了儒家思想对朝鲜士人阶层的影响以及在朝鲜李朝时期儒学的官方主流思想地位。

---

① 《朝鲜成宗实录》卷 261，成宗二十三年正月乙酉，《朝鲜王朝实录》，韩国国史编纂委员会编刊，1953~1961，第 12 册，第 132 页。

② 《明史》卷 320《朝鲜传》，中华书局，1974 年标点本，第 8284~8285 页。

社会与经济

后疫情时代韩国经济结构转型
及未来走势分析*

【内容提要】 新冠疫情不仅严重冲击了韩国的进出口、就业、投资和经济增长，还破坏和削弱了全球供应链和产业链，暴露了全球供应链的脆弱性。因此，韩国政府积极采取一系列政策措施，在为企业和国民提供经济援助的同时，在新冠疫情的"危机"中寻找经济转型的"机会"，制定和实施以数字、绿色、人力资本和区域均衡发展等为主要内容的韩国版新政综合计划。后疫情时代韩国将从产业链安全角度，大力支持海外产业布局的国内转移，适应"本国为主的供应链重构"的国际趋势，完善国内供应链和价值链，致力于"不被外部冲击所动摇"的国内产业生态体系构建；实施"K-半导体"战略，努力打造综合半导体强国；加快经济的双重转型，推动实现数字化和绿色化。随着中美战略博弈的进一步深化和扩大，全球产业链和供应链治理和重构问题越来越凸显，适应这种局势并努力参与全球供应链重构成为韩国的必然选择。

【关键词】 后疫情时代　韩国　经济结构　供应链

【作者简介】 张慧智，吉林大学东北亚学院教授，博士生导师，吉林大学东北亚研究中心副主任；安那莹，吉林大学东北亚学院博士研究生。

---

* 本文为国家社科基金项目"朝韩国家战略调整与半岛形势发展新趋势"（项目编号：19BGJ048）的阶段性成果。

一　引言

2020 年，新冠疫情快速蔓延，很多国家被迫采取闭关、出入境管控甚至国境封锁等措施，世界产业链、供应链、价值链受到冲击，全球化和区域经济一体化进程受到严重影响，2020 年全球经济增长率为 -4.2%，其中，韩国经济增长率为 -0.9%，GDP 增长率在 OECD 国家中排第一位，在 G20 国家中排第三位，其经济规模在全球的排位比 2019 年上升 2 位，居世界第十位，在发达国家中韩国经济受到疫情的影响相对较小。[①] 韩国之所以能够有效抵御疫情对经济的影响，与政府迅速采取一系列应急性应对措施有关，包括通过 K-防疫模式预防疫情向全国扩散的同时，动员财税、金融等政策手段实施积极的危机管理措施，等等。

K-防疫模式包括把原来保健福祉部部长担任本部长的中央事故应对本部扩大改编为国务总理任本部长的中央灾难安全本部；把保健福祉部下属疾病管理本部升级为疾病管理厅，构建防疫治理相关行政体系，为集中国家力量应对疫情打下行政基础；并以开放性、透明性和民主性为原则，采取追溯传染源（Trace）、广泛的核酸检测（Test）、迅速隔离及治疗（Treat）的 3T 措施，加上国民的积极配合及"保持社交距离"等做法有效减缓了疫情扩散速度。另外，韩国政府采取了一系列克服疫情影响、恢复经济的综合对策，出台了 150 多个针对性强的政策方案；同时在危机中寻找经济发展新机遇，制定和实施韩国版新政综合计划，以期扩充未来经济增长动力，致力于把韩国打造成后疫情时期引领全球经济的"先导国家"。[②] 由此韩国成为受疫情冲击较小，"在发达国家表现最好"的国家之一。[③] 因此研究新冠疫情对韩国经济的影响和韩国的应对措施及其走势，探寻韩国经验，具有重要的现实意义。

---

① 中国、韩国、美国、日本和欧盟的 GDP 经济增长率分别为 2.3%、-0.9%、-3.5%、-4.7% 和 -6.7%，德国、法国、意大利、英国分别为 -4.9%、-8.2%、-8.9% 和 -9.8%。OECD Economic Outlook，https：//www.compareyourcountry.org/oecd-economic-outlook/en/0/all/default。

② 韩国国务调整室：《文在寅政府四年百大国政课题推进成效》，2021（5），第 24~25 页，https：//www.opm.go.kr/opm/index.do。

③ 国际货币基金组织：《世界经济展望报告》，https：//www.imf.org/en/Publications/WEO/Issues/2021/07/27/world-economic-outlook-update-july-2021。

二 新冠疫情对韩国经济的影响

韩国作为深度参与区域分工和全球分工的国家，经济高度依赖国际市场。韩国是最早受新冠疫情冲击的国家之一，疫情的暴发、蔓延及其长期化严重影响时任总统文在寅提出的收入主导、民生经济等"共同富裕"① 经济政策的实施，以及韩国正常经济运行和对外经济交流合作。

（一）劳动力市场受到严重冲击

在疫情的影响下，2020 年韩国新增就业人数由 2019 年的 30.1 万人降至-21.8 万人，失业率由 2019 年的 3.8% 上升到 4.0%（见表 1 和图 1）；就业总量矛盾和结构性矛盾交织在一起，结构性矛盾大于总量矛盾。包括大学毕业生在内的青年失业问题使劳动力市场的结构和两极化更加突出，既不在业也不在学、正在寻找工作的青年失业人数占青年劳动者人数的比例（即失业率）一直高于社会平均水平，并呈现剪刀差式的拉大趋势。2020 年韩国青年失业率高达 9.0%，是成年失业率的 2 倍多；② 远远高于日本（3.7%）和德国（5.8%），低于法国（19.6%）、英国（11.3%）和 OECD（13.7%），接近美国（8.4%）。③ 青年失业问题的固化或加剧不仅严重影响个人、家庭生活，容易产生既不在业也不在学，也没有工作意愿或寻找工作行为的尼特族（NEET，Neither in Employment）群体，还会降低国家的经济增长潜力和发展动力。

---

① "共同富裕经济"韩文表达为"더불어 잘사는 경제"。

② 联合国于 1992 年把青年的年龄范围界定为 15~24 岁，随着年轻人受教育程度的提高、受教育年限的延长以及进入劳动力市场年龄的提高，国际劳工组织将青年的年龄范围拓展到 29 岁。韩国统计厅按 15~29 岁的年龄范围计算青年就业和失业相关指标。韩国青年失业率高于社会平均水平，这与世界各国的趋势基本吻合。

③ 韩国统计厅，E-国家指标，https：//www.index.go.kr/potal/stts/idxMain/selectPoSttsIdxSearch.do? idx_ cd=1063。

表 1　韩国新增就业人数和失业人数变动情况（2007～2020）

单位：万人，%

年份	就业人数增减	失业人数	失业率	青年失业人数	青年失业率
2007	37.3	79.0	3.2	33.2	7.2
2008	21.4	77.6	3.2	31.8	7.1
2009	-8.7	89.4	3.6	34.8	8.0
2010	34.5	92.4	3.7	33.9	7.9
2011	49.4	86.3	3.4	32.2	7.6
2012	42.8	82.6	3.2	31.2	7.5
2013	34.5	80.8	3.1	32.4	8.0
2014	59.8	93.9	3.5	37.8	9.0
2015	28.1	97.6	3.6	38.9	9.1
2016	23.1	100.9	3.7	42.6	9.8
2017	31.6	102.3	3.7	42.6	9.8
2018	9.7	107.3	3.8	40.8	9.5
2019	30.1	106.3	3.8	38.6	8.9
2020	-21.8	110.8	4.0	37.0	9.0

资料来源：韩国统计厅网站，http：//www.index.go.kr/potal/main/EachDtlPageDetail.do？idx_cd=1063。

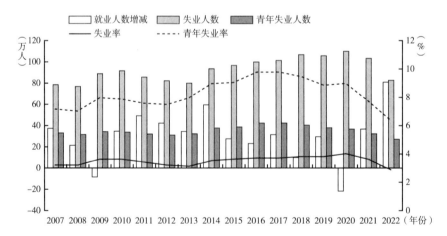

图 1　韩国新增就业人数和失业人数变动情况（2007～2022）

资料来源：韩国统计厅网站，http：//www.index.go.kr/potal/main/EachDtlPageDetail.do？idx_cd=1063。

（二）服务业受到重大影响

旅游、餐饮、影视、交通运输、传统零售等服务行业受营业时间、聚集规模等限制措施的影响，受损最为直接，2020 年韩国服务业 GDP 增长率为-2%，与 2019 年的 1.4%相比下降 3.4 个百分点，与 2012~2019 年韩国服务业 GDP 年均增长率 3.1%形成明显反差（见图 2）。其中，体育、艺术、休闲相关服务业 GDP 增长率由 2019 年的 0.8%下降到 2020 年的-32.6%，餐饮业和运输仓储业 GDP 增长率分别由-1.0%和 0.0%下滑到-18.5%和-14.2%。[①]

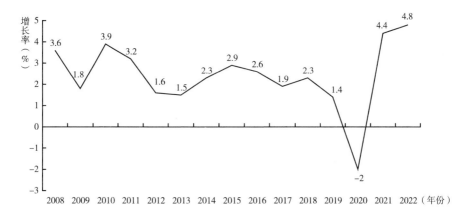

图 2　服务业 GDP 增长率变动情况（2008~2022）

资料来源：韩国统计厅网站，http：//www.index.go.kr/potal/main/EachDtlPageDetail.do? idx_cd = 1053。

出入境国际旅游业受到的打击最大。从 20 世纪 90 年代开始呈两位数高速增长的韩国出境旅游业，其规模由 1990 年的 100 多万人次增加到 2019 年的近 2900 万人次，但到 2020 年骤降到 400 多万人次，出境旅游业增速下滑 85%，远远超过因亚洲金融危机（-32%）、中东呼吸综合征（MERS）（0%）、全球金融危机时期（-21%）的降幅。入境旅游人数由 2019 年的 1700 多万人次减少到 2020 年的 25 万人次，下滑 99%，与 2019 年 14%的增

---

① 韩国统计厅，E－国家指标，https：//www.index.go.kr/potal/main/EachDtlPageDetail.do? idx_ cd = 1053&param = 001。

速相比减少超过100个百分点。国际旅游业收支始终处于赤字状态，赤字规模由2017年的147.0亿美元、2018年的130.7亿美元和2019年的85.2亿美元缩小到2020年的31.7亿美元（见表2）。

表2　韩国国际旅游业收支变动情况（2007~2021）

单位：亿美元，%

年份	旅游业收支平衡情况	旅游业收入	旅游业收入增长率	旅游业支出	旅游业支出增长率
2007	−108.6	60.9	5.7	169.5	18.2
2008	−48.6	97.2	59.5	145.8	−14.0
2009	−12.6	97.8	0.7	110.4	−24.3
2010	−39.8	102.9	5.4	142.7	29.4
2011	−31.9	123.4	20.0	155.3	8.8
2012	−32.9	132.0	7.9	165.0	6.2
2013	−30.5	142.9	8.2	173.4	5.1
2014	−21.3	173.4	21.3	194.7	12.3
2015	−68.5	146.8	−15.3	215.3	10.6
2016	−69.4	167.5	14.2	236.9	10.0
2017	−147.0	132.6	−20.8	279.6	18.0
2018	−130.7	184.6	39.2	315.3	12.8
2019	−85.2	207.5	12.4	292.6	−7.2
2020	−31.7	101.8	−150.9	133.6	−54.4
2021	−35.7	102.8	1.0	138.5	3.7

资料来源：韩国统计厅网站，http：//www.index.go.kr/potal/main/EachDtlPageDetail.do？idx_cd=1657&param=002。

　　餐饮、住宿等以个体工商业者和传统市场经营者为主的服务业领域受疫情影响最直接、最广泛。企业景气指数（BSI）随疫情的反复而波动并呈现下降态势。企业景气指数取值范围为0~200，指数高于100意味着景气良好，低于100则表明经济处于不景气状态。韩国个体工商业和传统市场的BSI在2020年2月和3月骤降到29.7和23.9，随着疫情得到一定的控制，加上国家出台一系列刺激民间消费的政策措施，5月和6月个体工商业和传统市场的BSI反弹到58.3和109.2；到2020年8月、2021年1月和7月疫情出现第二次、第三次和第四次流行时 BSI 再次下降（分别为 67.6、49.2，35.8、33.5、32.8、26.6）。①

国内消费也受疫情影响较大。韩国国内消费增长率在全球金融危机期间由 2007 年的 5.3% 一度下降到 2009 年的 0.2%，后重新提升并在 2%~3% 之间小幅波动。2019 年出现的消费景气下降导致其消费增长率仅为 1.7%，因为疫情的暴发迅速下滑到 2020 年的 -5.0%（见图 3）。其中，服装、鞋类等消耗品的消费增长率为 -17.3%，娱乐、体育及文化的消费增长率为 -22.7%，教育服务的消费增长率为 -15.9%，餐饮、住宿等服务业的消费增长率为 -13.9%；国民的海外消费增长率由 2016~2019 年的年均增长 10% 降低到 2020 年的 -59.2%。② 2021 年，韩国政府推行财政补贴、发放代金券等刺激消费政策措施，加快新冠疫苗接种，促进经济活动由接触式向非接触式转变，以及疫情的常态化等因素使 2021 年国内消费恢复了正增长，前两个季度分别为 1.2% 和 3.6%。③

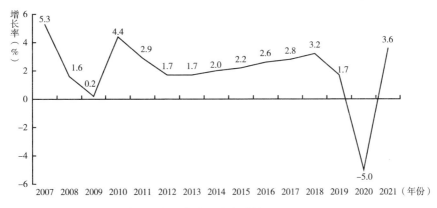

图 3　韩国国内消费增长率变动情况（2007~2021）

资料来源：韩国统计厅网站，http：//www. index. go. kr/potal/main/EachDtlPageDetail. do? idx_ cd=1054。

---

① 韩国统计厅网站，http：//www. index. go. kr/potal/main/EachDtlPageDetail. do? idx _ cd = 1199。

② 박춘성，「코로나 19 확산 이후 민간소비 변화의 특징과 시사점」，『금융포커스』 2021 년 30 권 12 호，p. 26.

③ 韩国统计厅，E - 国家指标，https：//www. index. go. kr/potal/main/EachDtlPageDetail. do? idx_ cd = 1054&param = 002。

（三）进出口受到的冲击小且恢复较快

韩国经济的对外依存度很高，但从统计数据来看，疫情对韩国进出口的影响和冲击不明显，且恢复较快（见表3和图4），尤其是出口恢复比较明显。

这主要是世界半导体产业供应严重不足刺激韩国半导体、ICT、计算机等产品的出口大幅增加而带来的红利。2020年，韩国半导体产品的出口额由2019年的939亿美元增加到992亿美元，增长了5.6%；ICT产品出口额从2019年的1769亿美元增加到1835亿美元，增长了3.7%；[①]计算机产品的出口增长率为57.2%。生物健康、逻辑半导体、亲环境汽车、OLED等高附加值新兴产业产品的出口也呈现良好态势，生物健康产品连续11年实现高速增长，2020年销售额首次突破100亿美元，成为韩国十大出口商品之一；逻辑半导体作为半导体产业的高附加值产品，占韩国半导体出口的30%，2020年出口额达到300亿美元，创历史最高纪录；亲环境汽车在汽车出口中的占比首次突破10%；在显示器中OLED作为高附加值产品，出口额连续三年超过100亿美元，每年都创最高纪录。[②]

表3 韩国进出口变动情况（2007~2022）

单位：亿美元，%

年份	出口	出口同比增长率	进口	进口同比增长率	贸易收支
2007	3715	14.1	3569	15.3	146
2008	4220	13.6	4353	22.0	-133
2009	3635	-13.9	3231	-25.8	405
2010	4664	28.3	4252	31.6	412
2011	5552	19.0	5244	23.3	308
2012	5479	-1.3	5196	-0.9	283
2013	5596	2.1	5156	-0.8	440
2014	5727	2.3	5255	1.9	472
2015	5268	-8.0	4365	16.9	903

---

① 韩国统计厅网站，https://www.index.go.kr/potal/main/EachDtlPageDetail.do?idx_cd=1155&param=001。

② 신용민，「2020년（12월，연간）수출입 동향」，산업통상자원부，2020년 1월 1일，pp.11-12。

年份	出口	出口同比增长率	进口	进口同比增长率	贸易收支
2016	4954	−5.9	4062	−6.9	892
2017	5737	15.8	4785	17.8	952
2018	6049	5.4	5352	11.9	697
2019	5422	−10.4	5033	−6.0	389
2020	5125	−5.5	4676	−7.1	449
2021	6444	25.7	6151	31.5	293
2022	6837	6.1	7312	18.9	−475

资料来源：韩国统计厅网站，http：//www. index. go. kr/potal/main/EachDtlPageDetail. do？idx_ cd = 1066。

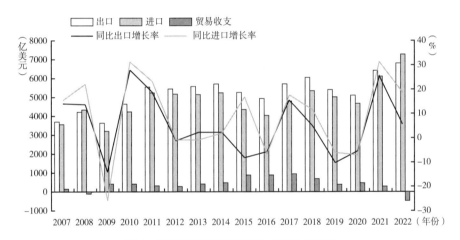

图 4　韩国进出口变动情况（2007~2022）

资料来源：韩国统计厅网站，http：//www. index. go. kr/potal/main/EachDtlPageDetail. do？ idx_ cd = 1066。

三　韩国的疫情应对措施及以经济结构转型为目的的韩国新政

（一）韩国的疫情应对措施

在个体层面，韩国政府重点面向家庭、中小企业等市场经济主体提供紧急援助，一方面以家庭为单位，提供灾难援助金和紧急生活援助金；另一方面对个体工商业和中小企业提供财政与金融政策支持，对个体工商业者以现金形式支付"新希望"资金、"支撑"资金、"支撑+"资金等14.1万亿韩元。① 同时，韩国还采取减免公共费用、社会保险费用和租金等方式减轻个体工商业者的负担；推迟缴纳雇佣保险金、减免或推迟缴纳工伤保险金。另外，韩国启动"175万亿韩元+a民生、金融稳定组合"，为个体工商业者和中小企业提供金融援助，对航空、旅游、海运等直接受到疫情影响的行业提供额外金融支持，减免设施使用费用和租金。与此同时，韩国加大了对回归企业（U-TURN）② 和出口企业的政策支持，新设"U-TURN"补助金，把对单个企业的资金支持额度由100亿韩元提高至300亿韩元；对高新技术回归企业提高5%的扶持比例，回归企业前5年（首都圈3年）减免100%所得税及法人税，后2年减免50%所得税及法人税；在工厂总量管控范围内优先安排"U-TURN"企业选址等。③ 针对出口企业人员流动和物流服务受限等问题，韩国政府积极支持出口企业与贸易协会、KOTRA、中小企业厅合作构建非接触营销一站式服务（线上推广和视频资讯+展示+当地销售），同时扩大国内有竞争力商品入驻国际线上平台，增加出口信贷，并出台《海外订单扩大方案》。

在产业层面，对受疫情影响较大的航空业、航运业、汽车产业等提供政策扶持。针对受疫情打击最直接、最大的航空业、航运业所面临的流动性危机，韩国政府向低成本航空公司注入紧急资金，实施减免机场和港口设施的使用费或推迟付费等措施。为确保韩国国内汽车产业对进口零部件的需求，对空运入境的汽车产业部分关键零部件实施特殊关税并免除进口报关行政费用，推迟缴纳关税和增值税，允许在仁川、釜山等主要保税区长期存放。

在宏观层面，扩大财政预算的同时采取了宽松货币政策。2020年疫情发生后，韩国出台了共50多万亿韩元的补充预算案，主要用于完善和升级

---

① 14.1万亿韩元="新希望"资金3.3万亿韩元（294万人）+"支撑"资金4.1万亿韩元（280万人）+"支撑+"资金6.7万亿韩元（358万人）。

② "U-TURN"企业指韩国人（包括侨胞）在海外经营2年以上的企业，经过缩小或清算海外业务，转而在国内新设与海外业务领域相同的企业或扩大其国内业务。

③ 《文在寅政府四周年经济政策推进成果和课题：将危机转化为机遇迈向TOP10经济》，企划财政部，2021年5月7日，第9页。

防疫体系，对受疫情冲击较大的中小企业和个体工商业者提供补助，稳定民生与就业，扩充社会安全网，优化灾难应对体系以及增加韩国新政相关领域的投资。2021 年韩国财政预算同比增长 8.5%，重点放在数字新政、绿色新政和加强社会安全网等韩国新政领域和卫生、就业、社会保障及福利领域。为促进韩国国内的居民消费、家庭储蓄、企业投资、经济增长等，韩国银行把基准利率由 2019 年的 1.25% 下调到 2020 年的 0.50%，下调幅度高达60%。① 面对新冠疫情冲击下韩国股市遭受重创、韩币贬值等现实问题，韩国政府多次召开紧急经济会议推出金融救济措施，韩国银行还与美国联邦储备委员会签订货币互换协议并多次展期，以稳定韩国国内外汇市场。

（二） 实施以经济结构转型为目的的韩国新政

为了在新冠疫情的"危机"中寻找经济转型的"机会"，基于线上需求增加的现实，对气候变暖问题严峻性的认知，以及经济结构转型的战略诉求，2020 年韩国政府制订了以数字和绿色为主要内容的韩国新政综合计划，即韩国新政 1.0；根据国内经济两极化加深、全球数字经济竞争加剧、碳中和战略价值提升等国内国际情况，2021 年又将其升级为韩国新政 2.0，增加了以人力资本投资为核心的人本新政和地方政府主导下增加民间投资、以构建自律性投资生态环境为主要内容的区域均衡新政。

韩国新政中的数字新政是以数据、网络和人工智能（D. N. A）为基础的经济恢复战略，包括强化 D. N. A 生态系统，"非接触"基础设施高度化，培育超级链接新产业和社会基础设施（SOC）数字化等。绿色新政作为以保护环境、人与自然和谐共生为主的可持续发展政策，增加了应对气候变化等环境保护投资，以达到扩大内需、增加就业岗位和促进经济社会的可持续发展目的，实现经济的低碳转型，减缓和适应气候变暖。人本新政作为韩国新政 2.0 的其中一项内容，其"强化安全网"的补充和扩展突出了政府的"青年政策"，主要目标是缓解被疫情加剧的经济社会不公平问题。区域均衡新政是指在国家均衡发展委员会指导下，以 2019 年出台的《第四次国家均衡发展五年计划》为基础，以经济波及效果大的国家均衡发展公共投资

---

① 韩国统计厅网站，https：//www. index. go. kr/potal/main/EachDtlPageDetail. do？ idx ＿ cd ＝ 1073&param＝001。

项目为平台，以区域发展投资契约制度为核心打造地方政府主导、中央政府补贴的体系框架，增加数字化、碳中和以及绿色转型相关内容，包括智能农业、智能村庄的建设，普及与其相关服务业的发展，ICT 技术的应用等线上基础设施建设，推进太阳能、风能等新能源在农村的普及使用等。

（三）谋求"与新冠共存"的经济发展模式

基于新冠疫情难以在短期内结束的判断，以及维持社交距离等高强度、抑制型防疫体系带来的经济损失、精神健康恶化等问题，韩国认为现行防疫体系难以维系，防疫效果不理想。随着疫苗接种率的持续提升，韩国政府提出"与新冠共存"的经济发展模式，允许一定程度疫情的存在和扩大，集中保护和管理高危险群体，试图将防疫体系向"与新冠共存"方式转换，[1]期待通过这种转换，在疫情持续扩大的情况下减缓经济受损程度。2021 年上半年韩国的疫情扩散规模和程度与 2020 年相差不大，但第二季度却实现了 0.8% 的经济增长，与 2020 年第二季度 -3.2% 的经济增速形成鲜明对比。[2]这与韩国积累了一定的抗疫经验，打造适应疫情与经济活动共存的客观环境等密切相关，特别是提高疫苗接种率、转换防疫体系的努力为经济运行和发展带来了积极效果。OECD 发布的《2021 年经济展望》把韩国的经济增长率由原来的 3.8% 上调到 4.0%。韩国政府则希望通过积极的财政政策等牵引经济的进一步复苏和经济结构的升级，解决女性、青年、非正规劳动者等脆弱群体的就业等问题。

四　后疫情时期韩国经济走势

第一，从产业链安全的角度，大力支持海外产业布局的国内转移，适应"本国为主的供应链重构"国际趋势，完善国内供应链和价值链，致力于

---

[1] 英国从 2021 年 2 月开始分四个阶段实施缓和封锁相关"出口战略"，评估疫苗接种率、变异毒株的威力等按阶段缓和封锁措施。宣布 7 月 19 日为"自由之日"，取消一切强制性防疫措施。法国、意大利、德国等国家在维持封锁措施的情况下，为提高疫苗接种率而实施疫苗通行证（也称保健通行证、绿色通行证、新冠通行证）或义务接种制度。丹麦、瑞典、挪威等北欧国家基于高疫苗接种率和较好的疫情控制情况而取消封锁措施。

[2] 韩国统计厅，E-国家指标，https：//www.index.go.kr/potal/main/EachDtlPageDetail.do? idx_cd=2736&param=001。

"不被外部冲击所动摇"的国内产业生态体系构建。全球价值链重构以及日本对韩国半导体材料、零部件的出口限制等，对韩国经济安全带来非常不利的影响。韩国政府从产业链安全的角度支持海外产业布局的国内转移，加强以本国为主的供应链构建，也就是说韩国高度重视打造"不被外部冲击所动摇"的国内产业生态体系。2020年7月韩国政府出台"材料、零部件和设备2.0战略"，其核心目标是强化国内生产能力，完善供应链体系，把韩国建设成为全球材料、零部件与设备的生产强国和高新技术产业的"世界工厂"。为建设全球材料、零部件与设备的生产强国，韩国将供应链重点政策管理对象从现有的对日本的100个扩增至对全球的338个，计划到2022年在研发领域增加投资5万亿韩元，培育100个材料、零部件与设备相关企业，构建数字产业链。另外，为使韩国成为高新技术产业的"世界工厂"，政府通过采取财政支持和减免税费等措施，促进更多BIG3高新技术相关企业和U-TURN企业回归韩国。

第二，韩国实施"K-半导体"战略，致力于打造综合半导体强国。半导体产业被称为"产业之米"，最近又成为"战略武器"，半导体产业由企业竞争上升为国家战略竞争，特别是新冠疫情加速了经济的"非接触"、数字化转型，物联网、人工智能等产业技术快速发展，对半导体的需求量随之增加，世界各国开始着力于构建以本国为中心的供应链，并开展了激烈竞争。韩国将此次全球半导体市场大变革作为机遇，以2019年和2020年分别出台的"逻辑半导体战略和蓝图"和"人工智能半导体产业发展战略"为基础，2021年制定了"K-半导体"战略，再次强调2030年建设综合半导体强国建设目标，把半导体确定为核心战略技术，全力支持半导体产业发展，致力于在2030年构建全球最优秀的半导体供应链。① 在首尔以南，板桥、器兴、华城、平泽、天安、温阳以西与利川、清州以东，在龙仁相连，形成K型半导体产业带，把芯片设计、制造、供应厂商在产业带聚集，巩固储存芯片世界第一地位，争取逻辑芯片（可编程逻辑器件，Programmable

① 韩国青瓦台，文在寅总统，"K-半导体战略报告"，2021年5月13日，https：//www1.president.go.kr/articles/10287。

Logic Device，PLD，数字类型的电路芯片）世界第一。① 远紫外线、曝光、蚀刻、原材料等在短期内难以实现技术突破的领域则通过引进外资补充半导体供应链网络。

"K-半导体"战略主要包括提高半导体产品的生产和制造能力，建设小部件特化园区、尖端装备联合基地、一条龙平台、设计城等；基础设施建设包括研发设施投融资，放松管制或管制的合理化，确保产业用水和产业电力等；加强半导体产业发展基础包括加强相关人才的培养，形成联合合作市场生态，抢占新一代产业领域等；提高应对半导体产业危机能力包括推进相关法律的制定，调整汽车半导体供需平衡、掌握核心技术，推动减排等内容。政府还在税收、金融、基础设施等方面给予大力支持，如对《税收特例限制法》的适用对象企业，新设"核心战略技术（暂定）"，对研发费的40%~50%，设施投资的 10%~20%提供税制优惠；新设"半导体等设备投资特别资金"，到 2023 年增加到 1 万亿韩元，以应对各国的半导体供应网络建设和技术竞争。

第三，韩国加快经济的双重转型，推动实现数字化和绿色化。为加快经济的数字化转型，韩国推进实施数字超创新（Hyper Innovation）项目，以引领向"虚拟世界"、数字孪生、云技术等未来"超链接、超智能、超真实"时代转型为目标，推动有利于新产业、新技术发展所需的相关基础设施建设；开发开放型"虚拟世界"平台并建立相关数据库，建设开放型"虚拟世界"平台生态系统。"虚拟世界"是将现实与虚拟相结合的"超越（meta）世界（verse）"，以 5G 和虚拟技术（AR、VR）为基础，享受休闲娱乐生活和进行经济活动的虚拟融合空间。政府积极开发公共需求较高的云服务，并扶持软件企业全面向"软件即服务"（SaaS②）转型；开发智能型物联网服务，即事物感知并传送信息后，AI 和大数据进行分析和预测，最后进行远程或自动操控。

2020 年 12 月，韩国出台了"2050 碳中和推进战略"，以促进经济结构的低碳化，形成新的低碳产业生态系统，公平公正地向碳中和社会转型，打

---

① 三星电子和 SK 海力士生产了全球大部分的存储芯片，但韩国在生产逻辑芯片领域一直落后，目前这一领域由台积电主导。韩国生产了全球 35.2%的储存芯片，但逻辑芯片的占比只有 8.2%，中国台湾地区生产了全球近 30%的逻辑芯片。

② SaaS 指即使不持有硬盘或软件等 IT 资源，也可以通过互联网借用所有软件工具。

造碳中和的制度基础。为此，韩国扩大生产和普及电动汽车，加快推进电动汽车充电设施等基础设施建设；为促进形成新的低碳产业生态系统，培育蓄电池和生物等低碳产业，抢占国际市场，尽早实现碳中和的相关技术和服务的产业化，还对拥有亲环境、低碳、能源新产业领域技术的相关企业进行集中扶持。同时，韩国为公平公正地向碳中和社会转型，对煤炭发电和内燃机车等传统产业的绿色改造提供政策支持，包括相关人员的职业转型培训和再就业，并努力调动地方政府积极性，参与碳中和实践。为强化碳中和相关制度建设，韩国正在考虑新建"气候应对基金"，综合分析碳税和碳排放权交易制度，希望重新构建碳价格体系，促进企业自发参与碳减排活动，加强和扩大碳中和相关国际合作。

五　结语

新冠疫情等非经济因素对韩国经济以及全球贸易和经济合作带来巨大冲击，使韩国意识到高新技术产业供给链安全、减缓和适应气候变暖的重要性以及发展数字经济、绿色经济的紧迫性。因此，韩国政府把新冠疫情的"危"当作韩国经济数字化、绿色化转型的"机"，设计和推进韩国经济的新未来，即韩国版新政综合计划。后疫情时代韩国将从产业链安全角度，大力支持海外产业布局的国内转移，适应"本国为主的供应链重构"趋势，完善国内供应链和价值链，致力于"不被外部冲击所动摇"的国内产业生态体系构建；实施"K-半导体"战略，努力打造综合半导体强国；加快经济的双重转型，推动实现数字化和绿色化。但韩国已成为"美国在东亚战略的关键"，在美韩同盟提升为全球全面战略同盟，韩国以"价值观外交"为基础积极参与美国主导的"阵营化"，主动或被动地把军事同盟扩大到经济同盟、技术同盟、产业同盟、气候同盟、宇宙开发同盟等的情况下，韩国的产业和经济发展不可避免地受到美国的影响和约束。

新冠疫情背景下韩国产业政策的
应对与革新*

李冬新　　盛翠萍

【内容提要】 新冠疫情的世界大流行，使韩国面临国内生产总值增速下降、贸易条件恶化、出口贸易受限、内需下滑的挑战，产业发展不景气，企业家情绪低迷。为应对疫情冲击，韩国政府实行了制造业复兴、非制造业调整、绿色新政、数字新政、生物产业发展等产业发展政策。展望中韩经济合作前景，可强化区域经济合作，推动产业链重塑；加强政策引导和制度保障，推动企业合作；提高劳动力素质，发展高技术产业；打破疫情限制，加强文化产业合作。

【关键词】 产业政策　绿色新政　数字新政　中韩经济合作

【作者简介】 李冬新，管理学博士，山东大学东北亚学院副教授，山东大学东北亚学院国际政治与经济系主任、东北亚研究中心副主任，中日韩思想库网络研究基地（威海）执行主任，主要从事东北亚经济合作、国际市场管理、国际经济治理等研究；盛翠萍，山东大学东北亚学院世界经济专业研究生。

---

* 本文系国家社科基金项目"'一带一路'背景下东亚新型经济合作模式构建研究（项目号：18BGJ001）"、山东大学（威海）青年学者未来计划项目"新形势下东亚新型经济合作模式构建研究（项目号：20820201007）"、山东大学东北亚学院人文社科研究重大项目"大国关系变动下的东北亚区域治理研究：中国的范式与路径（项目号：ZD0001）"、教育部高校国别和区域研究备案中心日韩研究院重点项目"新时代背景下中日韩养老产业体系构建研究（项目号：2023RHZD001）"的阶段性研究成果。

新冠疫情给全球经济带来了极为严重的消极影响，影响了正常的生产生活秩序和国际贸易的发展，导致全球范围内出现经济下滑、失业剧增等问题。为了应对新冠疫情的冲击，减轻消极影响，韩国政府和有关部门采取了一系列举措恢复发展经济。

韩国学者马学山和金石太利用劳伦斯指数、贸易专业化指数（TSI）、产业内贸易（IIT）和贸易强度指数（TII）分析了新冠疫情后韩国贸易环境的变化及中韩贸易前景。① 在政治领域，李尤里采用普通最小二乘（OLS）法，调查新冠疫情危机对韩国 2020 年 4 月 15 日举行的第 21 届议会选举结果的影响。② 在社会心理领域，朴英淑和金正熙通过对疫情一线护士进行的在线调查，验证护理实践环境对新冠疫情下医院护士生活满意度和主观幸福感的影响。③ 李浩俊等确定了疫情大流行之前、高峰期和调查时（高峰期后2~3 个月）这三个时间节点上与难以承受的压力和情绪危机经历相关的人口信息的因果因素，分析了新冠疫情期间学生的经历。④

本文就新冠疫情背景下韩国经济现状、产业发展现状、韩国产业政策的应对与革新、中韩产业合作思考与展望四个方面展开论述，展示韩国经济，尤其是产业经济受新冠疫情影响的情况，总结了韩国政府为应对新冠疫情推行的相关产业政策，旨在挖掘新冠疫情背景下韩国经济恢复发展的政策经验，为中韩两国未来的经济合作作出展望。

一　新冠疫情背景下韩国经济现状

韩国被称为"世界经济的金丝雀"，作为一个出口导向型国家，韩国对

---

① 마학삼，김석태，"A Study on the Changes in the Trade Environment of Korea and the Prospect of Trade between Korea and China after COVID - 19"，e-비즈니스 연구，Vol. 22, No. 2, 2021, pp. 89-103.

② Lee Euri, "The Impact of the Covid-19 Crisis on the 21st General Election in Korea", *The Journal of Industrial Distribution & Business*, Vol. 12 No. 12, 2021, pp. 25-33.

③ Park Young Suk and Kim Jeong Hee, "Anger, Life Satisfaction, Happiness and Nursing Work Environment of Hospital Nurses in South Korea during COVID-19 Pandemic", 한국간호과학회 학술대회, No. 10, October 2021, p. 185.

④ Lee Hojun, Noh Yeseul, Seo Ji Young et al., "Impact of the COVID-19 Pandemic on the Mental Health of Adolescent Students in Daegu, Korea", *Journal of Korean Medical Science*, Vol. 36, No. 46, 2021, p. 321.

出口的依赖程度很大，出口总额约占其国内生产总值的1/3，其经济发展深受国际市场的影响。2020 年新冠疫情的全球蔓延，在产品生产贸易的各个环节严重影响韩国的经济发展，导致其经济增长显著放缓，内外需求均遭重创，就业压力增加，通胀风险上升，阻碍了国际贸易。2021 年，得益于出口和投资的反弹、新冠疫情危机的缓解以及经济活动的恢复，韩国经济回暖，呈现复苏态势；但疫情带来的消极影响仍未完全消除，经济复苏仍有很长一段路要走。

（一）经济增长下滑

从图 1 可以看出，2015～2019 年韩国国内生产总值总体呈现正增长趋势，但是 2020 年一二季度 GDP 增长率大幅下降，甚至在 2020 年二季度 GDP 增长率降为-3.0%，从 2020 年第三季度开始，韩国 GDP 增长率实现较大幅度回升，第四季度 GDP 增长率高达 2.3%；2021 年以来，GDP 增长率有所放缓，但都为正增长。

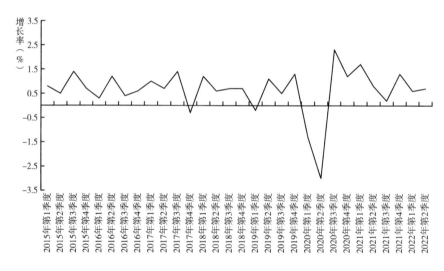

图 1　韩国国内生产总值增长率（2015～2021）

资料来源：韩国统计厅门户网站，https：//kosis. kr/statHtml/statHtml. do？ orgId = 301& tblId = DT_ 200Y002&language = en&conn_ path = I3。

（二）贸易条件恶化

从图 2 可以看出，自 2015 年至今，韩国贸易条件指数①呈现先平稳增长，后大幅下滑，再火箭式增长，后阶梯式下滑趋势，体现韩国贸易条件的总体趋势是先趋好后恶化。

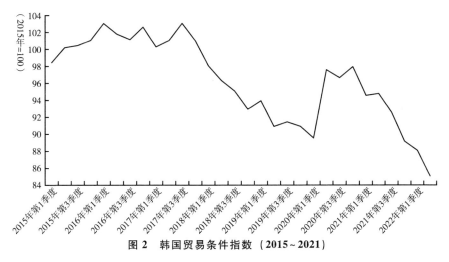

图 2　韩国贸易条件指数（2015～2021）

资料来源：韩国统计厅门户网站，https://kosis.kr/statHtml/statHtml.do? orgId = 301& tblId = DT_ 403Y005&language = en&conn_ path = I3。

自 2015 年第一季度到 2017 年第三季度，韩国贸易条件指数总体呈现上升趋势，由 98.44% 上升到 103.06%；但其中在 2016 年第二季度和 2017 年第一季度也有小幅下滑的波动。

2016～2017 年的贸易条件利好可以追溯到中韩两国自贸协定的签署。2015 年 6 月 1 日中韩自贸协定正式签署，并于年底前生效，使得双方超过 90% 的产品在过渡期后进入零关税时代，特别是逐步取消 6.5%～10% 的韩国化妆品关税，对韩国贸易，尤其是化妆品、旅游、航空、运输板块产生了良好刺激；在 2017 年第四季度到 2019 年有小幅下滑的波动，或与 2017 年 2 月开始的"萨德"事件影响中韩关系有关，韩国对华出口贸易量减少。

---

① 贸易条件指数是出口物价指数和进口物价指数之比，可反映一国每出口一单位的商品可获得的进口商品的数量。指数超过 100% 意味着贸易条件有利；指数下跌，意味着出口同样数量的商品，只能换回比原来更少的商品，贸易条件不利。

2017年末，特别是2018年至2020年第一季度，呈较大幅度下降趋势，下降幅度甚至达两位数，特别是在新冠疫情暴发后的2020年初达到了历史最低点88.95%。此阶段，受各主要经济体的需求问题、新兴市场压力和贸易摩擦升级的影响，国家贸易和全球经济正在降温。此时，韩国贸易条件的恶化，主要受两方面因素的影响。其一，韩国和中国作为东亚产业链的两个重要节点，其中一方需求量的下降，势必会对另外一方造成直接的冲击。中国是韩国第一大出口市场，韩国对华出口量的下降，对韩国影响较大。其二，由于韩国是一个严重依赖出口的经济体，出口下降，进一步导致国内消费信心的下降，从而导致整体经济数据下跌。

贸易条件指数在2020年上半年实现火箭式上升，从2020年第一季度至第二季度上升了8.04个百分点。此阶段，得益于主要国家经济复苏、原材料价格上涨、全球电子产品需求增加的利好形势，韩国出口额大幅增长。货物运输、数字服务、金融服务交易逐渐活跃，但旅游业仍处于低迷状态。

2020年5月以后，呈阶梯式下滑趋势，截至2022年第二季度，韩国贸易条件指数低至85.06%。受新冠疫情变异毒株冲击影响，新冠病例出现显著上升。中小企业面临较大经营压力，进出口贸易受疫情和国际局势影响，成本剧增，利润率下滑。

（三）出口贸易受限

从图3韩国进出口情况来看，2015年至今，韩国进出口量呈现上升趋势。韩国是出口大国，2015~2019年韩国出口额远超进口额，但2020年新冠疫情以来，进出口贸易差额逐渐缩小。这是由于新冠疫情一定程度上阻隔了跨国贸易与合作，导致中间产品供应困难等问题。由于韩国产业对外依存度较高，对韩国经济造成了较大的不利影响。

但韩国产业研究院于2021年6月16日发布的《韩国近期出口向好背景及启示》报告书指出，韩国出口呈现良好势头。这主要得益于因新冠疫情而发展的非接触式经济和环保产业。为防止气候变化，国际环境规则得到强化，部分出口产品获得了反射利益。新能源汽车在新冠疫情的影响下出口业绩保持增长势头；船舶以使用绿色燃料的双重燃料船舶、液化天然气（LNG）运输船等高附加值船种为主，出口增加；生物健康、二次电池等新增长品目的出口同比增长12.4%，表现良好。

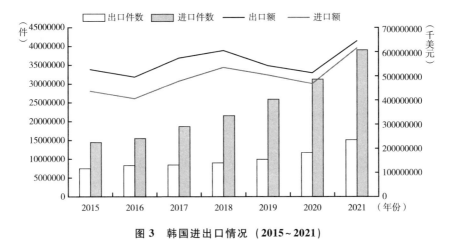

图 3　韩国进出口情况（2015~2021）

资料来源：韩国统计厅门户网站，https：//kosis. kr/statHtml/statHtml. do？orgId=134&tblId=DT_ 134001_ 001&conn_ path=I3。

（四）内需下滑

由图 4 可以看出，自 2015 年至 2019 年底，韩国私人消费及国内需求总

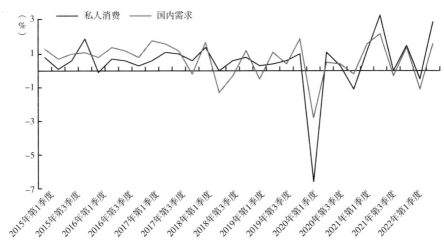

图 4　韩国私人消费及国内需求（2015~2021）

资料来源：韩国统计厅门户网站，https：//kosis. kr/statHtml/statHtml. do？orgId=301&tblId=DT_ 200Y002&language=en&conn_ path=I3。

体呈平稳波动。2020年初，受新冠疫情冲击，韩国私人消费及内需均呈现断崖式下滑状态，在2020年第一季度达到了最低点，私人消费下降6.6%，国内需求萎缩2.9%。内需的急剧萎缩，加之出口受限，使韩国经济受到极大冲击。自2020年第二季度开始，韩国内需触底反弹，究其原因，或与韩国政府采取的一系列措施有关：一方面，韩国政府对于实体经济的扶持带来相对向好的经济预期；另一方面，韩国政府积极推进包括各种消费鼓励政策和加强投资项目建设在内的提振内需行动方案。

二 韩国产业发展现状

（一）韩国产业发展不景气

如图5所示，从制造业来看，2015年至2019年底，韩国制造业发展呈现波动式发展，产业水平变化不大；2020年初受新冠疫情影响出现断崖式下滑，跌幅高达9.3%。但在2020年第三季度，国家对疫情实施管控和提供产业支持后，制造业呈现上升趋势，涨幅高达16.9%，远超此前水平；在第三季度之后，受疫情反复影响，又出现下滑趋势。从以服务业为代表的非制造业来看，2015年至2019年底，韩国产业发展平稳；但在2020年初，受新冠疫情影响，出现较大幅度的下滑，二三季度时出现了较大幅度的回升，恢复至疫情前水平，此后缓慢增长。进入2022年，韩国产业发展又出现波动，制造业出现下滑，而服务业则是先下滑后又上升。总的来说，新冠疫情以来，韩国非制造业发展比制造业波动要小，显示出非制造业面对危机具有更好的弹性。

（二）企业家情绪低迷

如图6所示韩国企业景气调查指数（BSI）① 在疫情前平稳波动，疫情后先断崖式下滑后迅速恢复并跃升至高于疫情前水平。面对疫情冲击，制造业较之非制造业所受影响更大。

---

① 企业景气调查指数反映企业家对经营情况的感受，BSI指数以100为基准，当对业绩消极评价的人数超过积极评价人数时，指数将降至100以下。

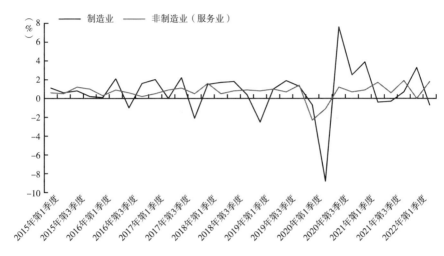

图 5　韩国制造业与非制造业发展情况（2015～2021）

资料来源：韩国统计厅门户网站，https：//kosis. kr/statHtml/statHtml. do？orgId＝301&tblId＝DT_ 200Y002&language＝en&conn_ path＝I3。

第一，在 2018～2019 年呈现较为平稳的波动，此阶段韩国企业景气调查指数维持在 75 左右。

第二，在 2020 年初新冠疫情暴发以来，一二季度全行业企业景气调查指数呈现断崖式下滑，在 2020 年 4 月下降到最低值 51。受疫情冲击，由于休假季导致汽车生产作业天数减少，以及疫情扩散导致电子行业遭遇零部件等中间产品供应困难等，韩国无线通信设备、家电、汽车、纺织等消费品板块出现较大跌幅，特别是汽车、纤维等企业持续低迷。

第三，2020 年 5 月起逐步恢复，在 2021 年 4～6 月达到最高值 88。一方面，为应对新冠疫情冲击，韩国在财政、税收、金融领域扶持三大新兴产业（半导体、未来汽车、生物健康），并对受疫情冲击的航空业、汽车业、航海业提供税收、贷款等支持。另一方面，韩国产业研究院 2021 年 6 月 16 日发布的《韩国近期出口向好背景及启示》报告书称，近期韩国出口呈现良好势头，主要得益于因新冠疫情而发展的非接触式经济和环保产业。报告书称，受新冠疫情影响，远程授课、会议、诊疗、居家办公等非接触经济蓬勃发展，对信息技术（IT）品目比重较高的韩国出口产生了积极影响。

第四，2021 年 7 月至今呈较为平稳，略有下滑趋势。据韩联社 2021 年

10 月 11 日报道，韩国产业研究院预计继第三季度之后，第四季度的经济恢复势头也将放缓，大部分企业的销售额上升幅度有限。与上一季度相比，除半导体、汽车、造船以外的大部分行业都出现了下跌或持平的趋势。

图 6 韩国企业景气调查指数（2018.1~2022.3）

资料来源：韩国统计厅门户网站，https://kosis.kr/statHtml/statHtml.do？orgId=301＆tblId=DT_041Y013&conn_path=I2&language=en。

三 韩国产业政策的应对与革新

由于新冠疫情给国民经济带来巨大影响，且疫情持续时间带有不确定性，为了更好地应对新冠疫情带来的冲击，韩国政府颁布并实施了一系列旨在促进经济恢复、稳定宏观经济、扶持企业经营、保障民生发展的法规与政策措施。在法律层面，出台或修订了《产业发展法》（2021）、《应对地区产业危机和恢复地区经济的特别法》（2022）、《加强和保护国家先进战略产业竞争力特别措施法》（2022）。① 韩国应对新冠疫情的产业政策②措施主要包括以下内容。

① 韩国国家法令信息中心，https：//www.law.go.kr/。
② 韩国产业通商资源部，http：//www.motie.go.kr。

（一） 制造业复兴

制造业是韩国经济增长的引擎、工作岗位和革新的源泉。然而第四次工业革命、环境管制和中国的跃进使全球竞争环境发生巨变，韩国制造业存在智能、环保、融创等应对大变革的能力不足，新产业发展滞后，技术、人力、金融等产业的企业革新促进作用不足等问题，需要探索新的增长方式。

新冠疫情使全球供应链处于重组状态。人们越发认识到保证全球供应链安全、重塑对制造业的重要性，为基本确保卫生医疗、生活必需品安全供给，同时保障尖端技术领域的持续开发，韩国实行了一系列促进制造业发展的产业战略和政策。在战略方面，以打造"世界四大制造强国"为目标，形成高附加值的产业结构，韩国提出四大制造业复兴推进战略，旨在通过智能化、环保化、融合复合化，加快产业结构创新；将新产业培育成新的主导产业，通过革新，实现现有主力产业的蜕变；全面重构产业生态系统；建设创新创业型政府。在政策方面，韩国在半导体、汽车等产业领域颁布并出台具体的产业发展计划，包括月度《韩国新政重大项目推进计划》、《人工智能半导体产业发展战略》（2020）、《白色生物产业振兴战略》（2020）、《环保汽车第四个基本计划》（2021）、《汽车零部件企业未来汽车改装支持计划》（2021）、《航空工业发展第三个十年计划》（2021）等。[①]

以扶持汽车行业发展的产业政策为例，在生产活动和生产设施运行受到限制的情况下，汽车制造商面临生产运营与销售困难，韩国政府一方面免征、缓征汽车零部件关税和增值税，另一方面通过加大政府购买、支持环保汽车，来弥补海外市场需求的大幅下滑。

（二） 非制造业调整

韩国政府为推动非制造业（服务业）的发展，着力保障国际贸易与投资，在原有《贸易保险法》等法律、政策和规则的基础上，颁布并出台一系列新政策，包括《2020年贸易通商振兴政策》《缓解新冠疫情下企业困境

---

① 白玫：《韩国产业链供应链政策变化及其影响研究》，《价格理论与实践》2022年第1期，第54~60、106页。

和出口援助政策》《新冠疫情下的韩国对外直接投资政策》等，旨在搞活电子贸易；加强中小、中坚企业出口竞争力；营造和搞活自由贸易区；向国内进出口企业提供贸易保险、保证支持；战略物资管理制度；加强原产地管理；招商引资政策；支援回国企业；支持国内回程公司；支援入驻开城工业园区的企业；推进经济自由区吸引外资；完善贸易协调援助系统。

为打破出口僵局，2020 年 8 月，韩国产业通商资源部提出了《韩国服务业海外市场进军推动方案》，将旅游、医疗和健康服务、教育技术、数码服务、金融科技、工程技术指定为 6 大朝阳服务业，并根据各领域特点制定出口推动战略，争取到 2025 年使韩国跻身服务业出口强国。

以扶持旅游业的发展为例，根据韩国文化体育观光部网站资料，2020年，韩国政府为遭遇史无前例危机的旅游行业和从业人员实施了紧急资金支援和税收减免等措施，并制定了应对危机的政策，包括对小工商业者提供超低利率的金融支持，创业和运营资金支持，雇佣维持资金支持，旅游业特别雇佣支持，四大社会保险延期缴纳及减免，国内税、地方税、关税延期，推迟酒店等级评估审查，运营新冠疫情咨询窗口，减免机场商业设施租金等。① 这些财政援助及税收减免措施对新冠疫情冲击下的旅游业恢复和发展产生了积极作用。

（三）绿色新政

由于资源环境破坏所导致的全球气候变暖等一系列自然灾害频繁发生，全球性环境污染和能源短缺问题日益得到人们的重视。作为一个环境污染较为严重、自然资源和能源都十分匮乏的国家，韩国以传统能源为主的能源消费结构导致其海外能源依存度过高，深受"能源危机"的影响。韩国政府充分认识到低碳绿色产业在促进就业、拉动经济增长方面的巨大潜力，在新冠疫情带来的经济低迷背景下，韩国推出绿色新政，在多领域推进碳中和政策，制定国家绿色战略，推动能源转型，并通过加强国际合作、培养专业人才持续推进碳中和战略的实施。

---

① 나종민, 윤혜진,「관광산업 위기와 영향에 따른 정책 대응 전략 연구: COVID-19 에 대한 중앙정부 공무원들의 관점 탐색」,『Tourism Research』, Vol. 46, No. 2, June 2021, pp. 135-159.

在 2020 年发布的《2050 碳中和推进战略》中，韩国政府提出将改善钢铁、水泥、石油化工、炼油等高碳排放产业的结构，鼓励使用可再生能源替代化石燃料，结束韩国对煤炭的依赖，增强企业环保意识；通过政府投资，建设环保基础设施，投资清洁能源和电动汽车，推进减少发电厂和扩大可再生能源等能源转换。在能源转换方面，韩国的政策要点分别为向安全清洁能源的转换、可再生能源产业竞争力强化方案、可再生能源 2030 实施计划和能源福利。韩国政府还出台了《第 3 次采矿基本计划（2020～2029）》《第 5 次新能源·可再生能源技术开发及利用、推广基本计划》《第 6 次合理化利用能源基本计划（2020～2024）》《第 9 次电力供需基本计划（2020～2034）》等。在政策实施方面，举例而言，2021 年韩国产业通商资源部制订了在全罗北道等五个地区建立氢能产业集群的计划，推动构建氢产业生态系统。在国际合作方面，今年 2 月，韩国产业通商资源部公布了"2022 年度产业技术国际合作项目"综合实施计划，计划通过"双边共同基金型研发支援"（346 亿韩元）、"多边共同基金型研发支援"（249 亿韩元）、"全球需求联系型研发支援"（112 亿韩元）等的财政预算，支援国内产学研与国外优秀研发机构开展国际合作，旨在积极支援韩企通过全球研发合作，抢先应对碳中和，主导技术高度化和国际标准，引领世界市场。此外，韩国还加强相关人才培养，新建了国内唯一一所专门致力于能源研究的 Kentech 大学，聚焦能源人工智能（AI）、新能源材料、下一代电网、氢能以及环境和气候技术这五大主要研究领域。

（四）数字新政

作为韩国政府确定的"十大新引擎产业"之一，数字产业具有拉动经济发展的强大力量。在新冠疫情背景下，韩国政府分别于 2020 年、2021 年出台了"数字新政"和"数字新政 2.0"计划，计划通过财政投入，建设数字产业基础设施，发展"非接触经济"。"数字新政"涉及的重点领域，包括 5G 网络建设、人工智能人才培养、"数据大坝"、人工智能政府、智能医疗基础设施等，着力推动各经济领域的数字化转型，促进社会间接资本的数字化发展，发挥数字产业在后疫情时代拉动韩国经济恢复发展的强大动力作用，推动韩国成为世界数字强国。

韩国强化多领域的数字化发展。2020 年 10 月，韩国政府宣布将制定

ERP、MES、PLM 等用于制造领域的 IT 系统数据交换方式的国家标准。11月，韩国政府建立自动驾驶汽车数据标准 K 联盟，以促进基于数据的自动驾驶服务；韩国发布《贸易数字化转型政策》。2021 年 2 月，韩国开放"数字产业创新大数据平台"，为国内企业数字化转型奠定基础。3 月，韩国工信部公布《加强数字材料创新实施方案》，推动实现材料开发领域的数字化转型。8 月，为了加强数字领域的国际合作，韩国完成加入《数字经济伙伴关系协定》（DEPA）的国内程序，9 月中旬正式向其他 DEPA 成员国通报加入意向。2022 年 3 月，在《产业数字转换促进法》基础上，韩国政府产业部门着手制定《产业数据合同指南》。

（五）生物产业发展

起步于 20 世纪 80 年代的韩国生物医药产业，在韩国政府资助基因工程项目、鼓励高校—科研单位—企业建立产学研体系，培养相关人员的一系列产业发展政策的支持下，经过几十年的发展，药品监管和质量管理体系不断完善，生物医药产业发展势头强劲，生物药尤其是生物类似药的研发进展令人瞩目。[1]

在新冠疫情背景下，生物医药产业显示出强大的发展潜力。为支持韩国生物产业的发展，韩国出台了一系列产业支持政策。2020 年 1 月，为提高在疫苗、新药开发等生物产业研究开发中必需的生物材料和相关信息的质量，支持国内生物资源银行确保国际信誉，韩国产业通商资源部宣布将在国内引入国际生物资源银行认证制度，以对国内生物资源银行的能力、服务质量、信赖度等进行评估和机构认定。3 月，韩国启动国家生物大数据构建试点项目，在 2 年内以罕见疾病患者为对象收集数据，收集 1 万名患者的临床信息和基因组数据，此外，计划支援依赖于海外的基因组数据相关材料的分析、零部件和装备的国产化，开发新药和医疗器械产品等，同时还将扩大与个人健康信息相联系的数字健身器材等相关服务，以奠定生物健康产业基础。8 月，为支持生物融合领域的国际联合开发，韩国–以色列工业研究与发展基金会发布了"2021 韩以国际联合技术开发项目生物融合新任务"，鼓

---

① 王峻霞、李梦颖、蒋蓉：《基于 Celltrion 公司案例分析韩国生物药产业发展政策及其启示》，《中国医药工业杂志》2021 年第 8 期，第 1121~1127 页。

励相关组织参与。9月，韩国通过了部分修订《转基因生物法施行令》的决议，修订重点为重新利用已批准的转基因生物，使其在进口、生产和使用时能够简化风险筛查，这放宽了对生物塑料等白色生物产业的限制，有利于减轻企业负担，促进利用转基因生物资源的工业需求增长。12月，为进一步加快生物塑料的研发和推广，韩国发布《白色生物产业振兴战略》。2022年3月，韩国还推动制定疫苗产业的国家标准，系统地培养疫苗企业、原料企业、设备企业等疫苗相关企业，建立疫苗产业支援体系。韩国政府经讨论后决定在2022年上半年参照生物产业分类代码，制定疫苗产业专用的韩国产业标准（KS）草案，并按照疫苗产业的要求，形成"疫苗行业协议"。

四　中韩产业合作思考与展望

中韩未来的经济合作，应进一步挖掘机会和可能，特别是要发挥比较优势，加强科技创新，树立产业竞争优势，在竞争中求合作，在合作中求发展，推进产业链、供应链的优化与布局调整，完善制度构建，激发企业活力，推进人才培养与积累，以恢复发展经济并奠定后疫情时代国家经济地位。

（一）强化区域经济合作，积极推动区域产业链重塑

中韩两国应加强国际交流与合作，进一步加强双边、多边联系。依托现有的中韩FTA、RCEP、一带一路等区域合作框架，继续探索深化合作，拓宽经济合作领域。近年来，受政治、经济和疫情等因素的影响，中韩投资关系出现波动。如图7所示，2015～2020年韩国对华投资呈"倒W"态势。受新冠疫情影响，韩国对华投资规模大幅下降，从2019年的55.4亿美元降至2020年的36.1亿美元。

为了加强两国经贸合作，减轻新冠疫情对两国产业合作的影响，可以通过网络经济、数字经济等新兴产业、重点经济领域的合作，开展技术共同研发，逐步推动更高层次的制度构建，如适应全球产业链区域化的变化趋势，积极推动在更高层次上重构区域产业链，寻求各方共赢的产业链合作方式。

以清洁能源合作为例，中韩两国在该领域具有互补优势。一方面，韩国在海洋潮汐能、氢燃料电池车、浮动海上风电、生物质能等方面技术优

图 7　中韩相互投资情况 (2015～2020)

资料来源：根据中华人民共和国商务部网站数据整理，http：//www.mofcom.gov.cn/。

势突出，韩国政府对氢燃料电池等产业发展的支持力度大、补贴高，产业链较为完善；另一方面，中国的优势在于市场广阔、劳动力成本相对较低，如在氢能发展上中国拥有较为完备的重化工产业链，在氢能规模化和产业化的推进速度上占据优势，已具备大规模氢能利用的供应条件与市场空间。

（二）加强对企业的政策引导和制度保障，推动企业合作

企业是市场经济活动的微观主体。韩国政府为应对老龄化，发展数字、环保、生物产业等而颁布法规和出台政策措施，引导相关产业发展，对产业发展起到有效的保护、支持和引导作用，特别是疫情以来出台的韩国新政，重点关注绿色环保产业、数字产业和生物产业等新兴产业的发展。为应对疫情冲击下国内消费需求的下降，我国也通过多项措施刺激消费，尤其在共同富裕、碳中和、新型消费、非接触式服务、中式元宇宙，即"5C"领域商机凸显。受新冠疫情影响，国际贸易在物流运输、人员流动等方面受限，中韩两国可以依托比较优势和国家发展战略，重点关注新能源、新基建、电子商务、数字经济等领域的合作机会。

中韩两国在政策措施方面具有相似性，可以继续完善政策保障，针对两国贸易有针对性地为企业提供便利。中韩两国要激发企业活力，推动企业形

成并自觉坚持以规则、规制、管理和标准为主的制度，增强转型升级紧迫感，提高管理水平，提升参与国际合作与竞争的本领。

（三）提高劳动力素质，发展高技术产业

人是生产力发展中的重要因素，劳动力的规模和素质关乎经济发展的规模和质量水平。一方面，在机械化生产规模日益扩大、简单劳动日益被替代的当代，唯有掌握独特技艺和不断学习能力的劳动者，才不易被社会所淘汰。要培育更多专门化人才。通过宣传教育，引导人们不唯学历论英雄，通过职业技能培训，培育具有"工匠精神"的高技术工人。努力提升现有劳动力的素质，引导人们自觉学习、终身学习。另一方面，经济发展需要产业革新，新兴产业需要更多高素质人才来创新技术。中韩两国都要积极培育高素质人才，以迅速适应后疫情时代经济环境的快速变化，包括公共医疗保健和 IT 行业的扩张，推进绿色环保、数字经济、生物医疗等新兴产业的发展。

中韩两国目前在短周期技术产业行业发展水平相近，但是短周期技术进入壁垒低，易追击，竞争激烈。中韩两国都应继续培育长周期技术产业，即投资和研究时间长的领域，形成技术优势，从单品技术转变为融复合技术；从形式技术转变为默契技术，如加强在生物研究和零部件材料生产等领域的技术突破。

（四）打破疫情限制，加强文化产业合作

中韩两国地理位置相近，自古以来文化交流频繁，在文化资源和产业发展上各具特色，各有优势，具有相似性与互补性。而且文化合作与贸易对时间、地点、人员的限制较小，受新冠疫情的影响也有限。中韩两国可以在明确本国文化资源的基础上，整合相似资源进行合作，并挖掘本国文化产业的独特优势，拓展两国文化产业合作的深度和广度。发挥文化产业主管部门的主动性，交流经验，实现优势互补。在 2021 年"中韩文化交流年"系列活动基础上，以 2022 年中韩建交 30 周年为契机，开展研讨会、博览会等多种形式的交流活动，深化经贸合作，促进经济复苏，实现中韩两国文化产业的强强联合，发挥文化产业对经济增长的拉动作用。

在国际政治经济形势日益复杂、新冠疫情仍在肆虐的当下，中韩两国加强合作交流，要紧跟国际形势的变化，在两国政府、企业及民众的共同努力下，从多角度、全方位展开，在国际贸易过程中达成正和博弈，实现共赢发展。

韩国首尔江南区中产阶层绅士化的驱动力及其社会效应研究

〔韩〕黄普基

【内容提要】江南区为韩国首都首尔的一个行政区，江南区产业中最突出的是房地产业与教育培训业，而该产业结构呈现江南区住民的社会、文化特征，即房地产投资与子女教育。其实，房地产投资与子女教育为江南区中产阶层绅士化的主要驱动力，一直被韩国其他城市中产阶层效仿，但引发了阶层分化与固化等严重社会问题。近年来，继承父母的财富、工作、学历的富二代中产阶层逐渐增加，他们代际传承父母的财富与地位，与其他区域住民的生活空间逐渐分开，这一过程可称韩国式中产阶层绅士化。

【关键词】首尔江南区　中产阶层绅士化　房地产投资　学区

【作者简介】黄普基，湖南师范大学外国语学院教授，主要从事历史地理、韩国历史文化研究。

一　引言

　　江南区是韩国首都首尔的一个行政区，经济、文化、教育非常发达。江南区又是韩国城市文化的集中代表区域，如同《江南 style》这首歌中所描绘的，这里集中了韩国典型的城市文化代表性符号，这些城市文化代表性符号的形成过程中出现大量中产阶层。了解江南区中产阶层很重要，因为江南区中产阶层文化被韩国其他城市的中产阶层所效仿。[①] 江南区的形成源于20世纪七八十年代韩国政府的计划性规划，在该区建设大规模公寓小区，以推动住房商业化。[②] 自此，江南区逐渐形成以公寓为居住形式的中产阶层，公寓居住文化还被应用于其他韩国城市开发，以彻底改变韩国的城市景观。[③] 在韩国，公寓有着作为社会身份象征的功能，"住在江南的公寓"日益成为一种"符号的消费"，住在昂贵小区可被认为是中产阶层发起的一种身份"区分"（distinction）行为。[④] 公寓等房地产还被视为财富积累的源泉：公寓往往具有较高的升值潜力，已成为韩国中产及富裕阶层的理财手段之一，[⑤] 也是主要代际传承模式之一。[⑥] 江南区中产阶层的另一个代际传承模式为子女教育，[⑦] 一直被韩国其他城市中产阶层效仿。但这些江南区中产阶层的代际传承模式导致了严重的社会问题，即阶层分化与固化。[⑧] 至于江南区中产阶层绅士化及其相关的社会问题的主因，一些学者认为是政府主导的城市开发，[⑨] 并批判性地指出韩国政府推动中产阶层的投机性城市化。[⑩] 但更重要的原因是，江南区中产阶层的代际传承模式本身为中产阶层绅士化的驱动力，且该驱动力越来越强化。韩国不断追赶西方国家，城市变化及其引起的社会变化较快，中产阶层也受其影响。以往的相关研究较为丰富，但学界大部分讨论并没有反映近年来的江南区中产阶层新动向及其社会效应问题。

[①] 康俊晚：《江南，陌生的韩国自画像》，人物与思想社，2006。

[②] 林瑞焕：《住宅政策半世纪：政治经济环境变化与住宅政策展开过程》，基门堂，2005。

[③] Valerie Gelezeau：《公寓共和国》，Humanities，2007。

[④] 田相仁：《疯狂公寓：现代韩国住居社会学》，梨林，2009。

[⑤] 南根祐：《首尔高层集合住宅的发展和公寓生活》，《日常和文化》2015年第1期，第157~165页。

[⑥] Kang Eun-Tae、Ahn Ah-Rim、Ma Kang-Rae：《房地产财产与代际传承模式研究》，《大韩不动产学会志》2017年第1期。

[⑦] Lee Jin Young：《子女教育与富人财产代际传承之间相关关系》，《劳动经济论集》2017年第40期。

[⑧] 朴海川：《混凝土乌托邦》，자음과 모음，2011；朴海川：《公寓游戏：他们成为中产阶层的理由》，Humanist，2013。

[⑨] Shin H. B. , Kim S. K. , "The Developmental State, Speculative Urbanisation and the Politics of Displacement in Gentrifying Seoul", *Urban Studies*, Vol. 53, No. 3, 2016, pp. 540-559.

[⑩] Sonn J. W. , Shin H. B. , "Contextualizing Accumulation by Dispossession: The State and High-rise Apartment Clusters in Gangnam, Seoul", *Annals of the American Association of Geographers*, Vol. 110, No. 3, 2020, pp. 864-881.

本文大量收集 2016 年以后的新数据，包括江南区产业结构数据、城市重建数据、区域人口结构等数据，以及"江南区住民意识形态调查报告"等江南区中产阶层调查资料。这些数据来自韩国首尔市政府、韩国统计厅、韩国鉴定院、韩国国民银行（KB）等官方网站，以及"直房网"等私营企业网站。此外，本文还大量参考最新韩国报刊与出版物。这些相关资料有助于分析江南区中产阶层问题。通过对以上资料的分析，本文以首尔江南区为例，主要探讨 2016～2020 年韩国城市化进程中，江南区特有的中产阶层绅士化驱动力及其社会效应问题，进而探讨其社会文化机制，以期为东亚地区中产阶层绅士化相关议题的研究提供借鉴。

二　研究区域与数据来源

（一）研究区域

1. 江南区建设

韩国首都首尔是韩国政治、经济、文化、社会、教育等的中心地，面积为 605.25 平方公里，人口大约 1000 万，人口密度极为过密的大城市。江南区为首尔 25 个行政区之一，面积 39.5 平方公里，人口大约 54 万①，在首尔行政区中经济、文化、教育功能最发达，在全韩国房价最高。江南区为计划城市，20 世纪 70 年代韩国政府为遏制首尔旧城市地区的过密发展，分散城市中心区的功能，大规模开发江南地区，政府先后将经济、教育、文化等功能逐渐转移到该区。在江南区开发过程中，韩国政府将江北企业的总部强行搬迁到江南地区，同时通过给海归人才提供江南公寓交易方面的优惠，将高级人力资源集聚在江南区，后来这些人群成为中产阶层而主导江南区城市重建与房地产投资。特别是江北的许多中学名校陆续搬迁到江南区，在江南区形成了韩国有名的"江南八学区"，吸引了全国中产阶层家长及其子女。此外，江南区的一些洞（街道）在韩国很有名，一直备受关注，如大崎洞聚集了韩国最好的培训班，为著名的培训班街道；狎鸥亭洞、新沙洞为高档公寓密集地区；开浦洞、细谷洞为正在进行

---

① 韩国统计厅：《2019 年国内人口移动统计结果》，http：//kostat. go. kr/wnsearch/search. jsp。

或已完成的大规模城市重建地区。

2. 江南区产业结构①

江南区产业非常发达，是韩国最具经济活力的城区。2018年江南区企业数为69039个，工作人数为69.18万人，而江南区人口为54.24万人，常住人口为49.33万人，工作人数远超常住人口，工作人数、企业数都在首尔25个行政区中居首。

江南区的企业可分为技术性企业与生活性企业。江南区的技术性企业中，技术性服务企业所占比例最大，为59.2%。相比之下，首尔的技术性服务企业比例仅为33.9%。江南区的技术性服务企业中，法律、会计、建筑、经营咨询等行业占38.8%。特别是，法律、会计、建筑服务行业的工作人数为25456人，在全韩国行业中规模最大，服务专业性最高。江南区生活性企业中服务业所占比例也较大，为33.7%。江南区的四大生活性服务行业为培训、房地产中介、美容、装修，其中，培训、房地产中介、装修共占71.7%，培训与房地产可谓江南区代表行业。

表1 2018年江南区生活性服务业企业占比

单位：%

培训	房地产中介	美容	装修	其他
34	28	16.8	9.7	11.5

资料来源：韩国统计地理信息服务台，https://sgis.kostat.go.kr/。

2018年，首尔行政区的房地产中介数平均为929，相比之下，江南区共有2252名房地产中介，江南区人口为54.24万人，平均每241人中有1名房地产中介，可见江南区房地产中介密集程度。江南区房地产相关行业从业者规模也较大，工作人数共有13632人，占服务业从业人数的36.4%。江南区培训企业共有2737个，企业数为全国之首。每1000人中的培训班数方面，江南区为4.16，比首尔市平均高3倍多。江南区培训行业从业者规模也较大。江南区服务业中，培训行业从业者比例为39.5%，

---

① 江南区产业结构数据主要参考韩国统计地理信息服务台数据，https://sgis.kostat.go.kr/view/bizStats/bizStatsMap? biz=0。

工作人数为 14793 人。江南区常住人口大约 50 万，可见培训行业之庞大。培训行业中，学科培训、艺术体育培训、语言培训较发达。特别是学科培训，在整个生活性服务行业中占 22.4%，在全韩国补习班数量最多、专业程度最高，吸引了全韩国学生与家长的目光，影响力波及全国。江南区培训行业从业者与房地产行业从业者共有 28425 人，占生活性服务业从业者的 75.9%，而该比例凸显了江南区的经济运作特征与社会、文化特征，即房地产投资与子女教育。

（二）数据来源

本文的数据来源于三个方面。第一，江南区产业结构与城市重建数据方面，主要引自韩国统计地理信息服务台（https：//sgis. kostat. go. kr/）以及参考首尔统计数据库（http：//data. seoul. go. kr/）。第二，房价方面，主要参考韩国鉴定院网站（http：//www. kab. co. kr/）、韩国统计厅网站（http：//kostat. go. kr/wnsearch/search. jsp）、KB 国民银行房地产信息平台（https：//onland. kbstar. com/），以及韩国房地产中介公司网站的数据，即直房网（https：//www. zigbang. com/）、"房地产 114"（www. r114. com/）、房地产调查公司"房地产 info"（www. rcast. co. kr）。第三，城市更新政策引发的城市问题，以及江南区中产阶层意识形态调查方面，主要参考引用首尔市统计表（STAT）数据库（http：//stat. seoul. go. kr/octagonweb/jsp/WWS7/WWSDS7100. jsp）、国土地理情报院（https：//www. ngii. go. kr/kor/main. do）的地理信息平台。本文还参考媒体报道，如《韩民族报》《中央日报》《东亚周刊》《CBS NOCUT 新闻》等报刊，以及其他相关韩国出版物。

三 江南区中产阶层绅士化的驱动力

江南区产业发达，有很多高技术企业、高水平就业机会，但房价和物价高，因此只有富有的中产阶层能够成为常住居民，而这些中产阶层最突出的经济、社会活动为房地产投资与子女教育。

（一）房地产投资，城市重建

韩国人的房地产投资目的有两种，即投机性与租赁收益。近年来，文在寅政府一直打压投机性房地产投资，且房屋租赁收入比银行利息高，如2020年的一年期定期存款年利率为1.1%，而房屋出租收益相当于银行利息4.5%，① 因此以租赁收益为目的的投资者逐渐增加。而这些投资者最活跃的地区为江南区，因为江南区拥有地理条件优势，即交通便利、教育发达和购物中心密集。尽管政府打压房价，但还有一些人群仍然以投机为目的在江南区买房，而能够吸引投资者的因素就是城市重建。目前，江南区住民的住宅拥有比例较低，2018年江南区平均每1000人中有317.22人拥有住房，该比例属于首尔市行政区中较低的水平。② 但由于江南区已没有可开发的宅地，只能通过城市重建满足住房需求。

2018年，江南区的住宅数量为115620户，而江南区的住宅形式中，公寓的比例为73.89%，在首尔25个行政区中公寓比例最高。因此，江南区城市重建约等于公寓重建。由于韩国政府规定公寓重建年限为30~40年，一般建盖25年后的公寓开始准备重建，目前江南区重建对象公寓比例很高。江南区30年以上的重建对象旧公寓数量共有37767户，在首尔行政区中最多。

再看首尔各区房价与富人区分布，据2017年以公寓价格评价的富人区排行榜，③ 首尔公寓房价单价最高的行政区为江南区，首尔公寓交易单价最高的10个洞（街道）中的5个位于江南区。

如果我们将首尔各区30年以上旧住宅数与首尔各区房价与10大富人区的分布进行比较，可以发现，首尔30年以上旧住宅分布与按房价计算的首尔富人区的分布基本一致。可见，城市重建及其导致的房价上涨是目前韩国富人的主要致富手段，而江南区为最大收益区。

一般，韩国重建公寓的预售价格按附近新公寓价格计算。因此，江南区出现新公寓的价格与重建公寓的预售价格互相影响、同步上涨的现象。城市重建给江南区中产阶层带来莫大利益，江南区甚至凭借在首尔行政区中最庞大的重建公寓量，与其他地区中产阶层之间贫富差距逐渐拉大，由此形成江

---

① 参见 KB 国民银行房地产信息平台，https：//obank. kbstar. com/quics? page = C030037&QSL = F&_ ga = 2. 60916460. 1303423238. 1652702872-1204890760. 1652702872#loading。

② 参见韩国统计地理信息服务台，https：//sgis. kostat. go. kr/view/thematicMap/thematicMapMain? stat_ thema_ map_ id=Kz9HJMKHnE20160121115806984 ICGFFqFnE8&theme =。

③ 2017年5月5日韩国《每日经济报》（https：//www. mk. co. kr/）与房地产调查公司"房地产 info"（www. rcast. co. kr）进行的联合调查，参见 KB 国民银行房地产信息平台房地产地图服务平台，https：//kbland. kr/map？ xy = 37. 5211625, 126. 9281071, 20。

南区公寓富人区。

由于江南区房价持续上涨，历届韩国政府均通过供应大量公寓而打压房价，但仍然压不住房价上升势头。

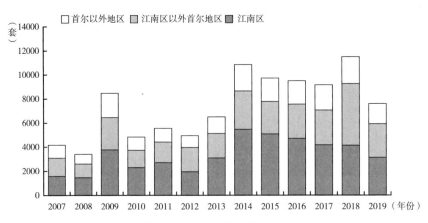

图1　韩国首尔江南区住宅供应情况（2007～2019）

资料来源：韩国统计地理信息服务台，https：//sgis. kostat. go. kr/view/thematicMap/thematicMapMain? stat_ thema_ map_ 。

从图1可以看出，2007～2019年，江南区房屋供应量有增有减，但整体来看有逐渐增加的趋势，2007年供应量为大约4000套，2019年供应量为大约8000套，增加了约1倍。而每年供应的房屋中，江南区住民收购江南区房屋的比例只有40%，其余40%为江南区以外的首尔市住民，还有20%为首尔以外的外地人购买。该结果证明，由于大量外地人对江南区房屋存在需求，即便首尔市政府增加房屋供应量，房价依然不会下降。江南区房地产市场只要有供应，一定有需求，而需求则导致价格上升。因此，江南区可被称为"房屋供应就创造房屋需求"[①]的地区。

（二）子女教育，学区

其实，江南区以外的韩国人购买江南区房子的原因，除了江南区房子重建投资收益很高之外，还有一个很重要的原因就是子女教育。江南区是韩国

---

① https：//www. hani. co. kr/arti/economy/property/944872. html.

最好的学区。韩国人为子女教育而购买江南区房子的现象，在人口结构与移动率中呈现。图 2 显示了 2019 年首尔不同年龄段人口构成情况。

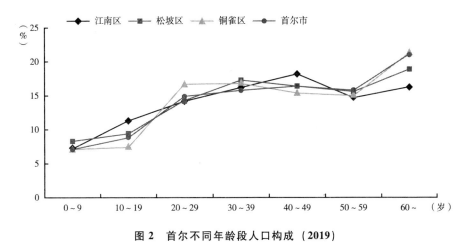

图 2　首尔不同年龄段人口构成 （2019）

资料来源：韩国统计厅，http：//kostat. go. kr/wnsearch/search. jsp。

从图 2 可以看出，首尔市住民年龄数据中，10~19 岁、40~49 岁年龄段的人口比例较小，而 20~29 岁、30~39 岁、60 岁以上的人口较多。相比之下，江南区 10~19 岁、40~49 岁年龄段人口较多，50~59 岁年龄段人口陡然减少。而较富有的松坡区、铜雀区的数据则位于首尔市平均与江南区之间。其实，这种年龄结构情况与江南区教育环境有关。江南区为韩国最好的学区，许多 10~19 岁年龄段的学生为高考而入住江南区，而 40~49 岁年龄段的则为其父母。而高考结束后，许多父母与其子女就离开江南区，离开江南区时父母的年龄为 50~59 岁，子女的年龄为 20 多岁，因此，在江南区这两个年龄段的人口较少。

韩国好学区的最重要标志为名校附属中学 （初中）。名校附属中学吸引了 10~14 岁年龄段人群，包括为进入名校学区而转学的小学 5 年级、6 年级学生，因此拥有好学区的城市或行政区 10~14 岁人口的净流入会增加。目前，首尔的人口净外流是新常态，特别是江南区的人口净外流为 3.58%，但江南区的 10~14 岁人口净流入局面已持续 24 年。①

此外，首尔较好的学区还有良川区、松坡区、瑞草区等，这些行政区

---

① 韩国统计地理信息服务台，https：//sgis. kostat. go. kr/view/thematicMap/thematicMapMain？
stat_ thema_ map_ id＝uDwMJtEFMv202012011643473308 MxEquqzIL&theme＝。

都是 10～14 岁人口的净流入地区。与首尔其他行政区相比，江南区在 10～14 岁的净流入人口方面具有压倒性优势，说明江南区的学区优势非常牢固。①

在江南区进行房地产投资与子女教育需要一定的经济能力与社会关系，只有富有的中产阶层具备该条件。房地产投资与子女教育是江南区中产阶层的主要致富手段，两者逐渐强化中产阶层的地位，成为中产阶层绅士化的驱动力。

四　江南区中产阶层绅士化的社会效应

江南区中产阶层绅士化的驱动力为房地产投资与子女教育，而目前该驱动力已成为中产阶层代际传承模式，且被韩国其他城市中产阶层效仿，引起严重的社会问题。

第一，据首尔市官方发布的《江南区住民意识形态调查报告》②，住民迁入的时间阶段决定了其能否成为中产阶层。江南区原住民以及 20 世纪 70 年代初迁入的人，在江南开发期间获得开发红利，大多成为中产阶层或富人；20 世纪 70 年代早期江南大开发期间迁入的居民，在江南区的城市更新过程中，许多人也获得了江南开发的红利而成为中产阶层；江南大开发后期至 1988 年首尔奥运会之前迁入的人群，虽然这一时间段内江南区的开发红利远不如之前，但很多人仍然有机会进入中产阶层；江南区大开发结束后至 1997 年亚洲金融危机前迁入的居民，因当时江南区公寓价格已经相当高，购买公寓、进入中产阶层需付出更大代价；1997 年亚洲金融危机后韩国资本流动、周转较困难，且出现城市更新热潮以及公寓高档化趋势，公寓的价格异常高，因而该时期迁入的大部分人为租户，难以成为中产阶层。

第二，江南区的租户比例逐渐增加。据韩国银行 2016 年统计，江南区的租户比例逐年升高，2012 年出租户数为 27.7 万户，而 2016 年的出租户数为 42.7

---

① 《首尔经济》2022 年 4 月 6 日，https：//www.sedaily.com/NewsView/264L7PYG6J。
② 首尔市统计表数据库信息，http：//stat.seoul.go.kr/octagonweb/jsp/WWS7/WWSDS 7100.jsp。

万户，5年间增加了15万户。① 据韩国统计厅"2016年住宅拥有统计"，江南区住民中公寓拥有者的比例为61.6%，为全韩国倒数第3位，在首尔行政区中为倒数第2位。② 在江南区居住者在江南区拥有自有住房的比例更低，1995年为48.3%，2015年只有34.1%,③ 说明江南区的公寓相当部分为投资者所占有。

第三，近年来，父母经济能力基本决定子女能否入住江南区。

据2020年对韩国富人的采访，这些富人的种子资金来源（见图3）中，劳动收入只占18.7%，更多的是赠与、遗赠，为25.4%，以及房地产投资（18.7%）、金融投资（5.1%），而普通年轻人很难通过个人能力而获得这些资金来源，实际上是通过父母的帮助而获得。富人资产积累手段中，房地产投资占比为25.3%，赠与、遗赠占比为18.9%。可见，在韩国富人的创始资金或成功后的致富手段中，房地产投资与赠与、遗赠很关键。江南区人买房时，越来越依靠父母的赠与。

图4显示，在首尔市民的公寓买卖交易过程中，赠与的比例逐渐升高。而江南区的赠与比例比首尔平均水平还高，且与首尔其他行政区之间的差距逐渐拉大。

第四，子女教育方面的两极分化加剧。从2007~2018年韩国第一名校首尔大学的录取率看，首尔出身的录取人数从1208人增至1258人，增加了50人；在首尔行政区中，江南区学生的录取率逐年升高，2007年江南区学生的首尔大学录取率为8%，到2018年为15.7%。此外，首尔大学、延世大学、高丽大学等韩国三大名校学生父母的46%为上层阶层。相比之下，同时期地方城市学生的首尔大学录取率大幅度下降。过去，教育为改变命运的通道，而现在教育已成为阶层固化的主因。④

① 《亚洲经济报》2017年12月19日，房地产信息，https://www.bigkinds.or.kr/v2/news/newsImagesView.do? newsId=02100801. 20171219110929001&idx=1；KB国民银行房地产信息平台房地产地图服务平台，https://kbland.kr/map? xy=37.5172363, 127.0473248, 11。
② KB国民银行房地产信息平台房地产地图服务平台，https://kbland.kr/map? xy=37.5211625, 126.9281071, 20。
③ 韩国统计地理信息服务台，https://sgis.kostat.go.kr/view/thematicMap/thematicMapMain? stat_thema_map_id=ywFKpqIpL820160121115806985M1rtqoFvKq&theme=。
④ 韩国《中央日报》2019年11月16日，https://www.joongang.co.kr/article/23634196。

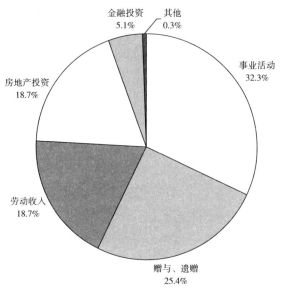

种子资金来源

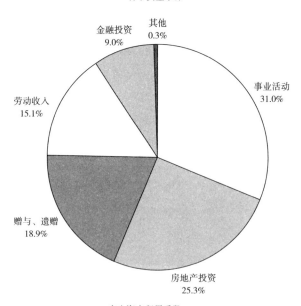

富人资产积累手段

图 3　2020 年首尔富人种子资金来源与资产积累手段

注：采访对象为拥有现金财产 10 亿韩元以上的富人 400 人。

资料来源：《HANA 金融管理研究所报告》，CBS NOCUT 新闻，2020 年 5 月 27 日。

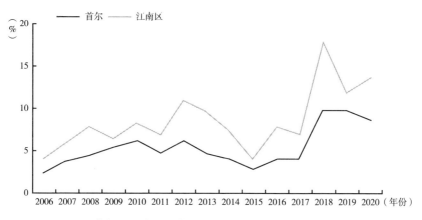

图 4 首尔、江南区公寓交易中的赠与比例 （2006～2020）

资料来源：直房网，https：//www.zigbang.com/。

第五，近年来韩国上层阶层 10% 人口的财富逐渐增加，2003 年占比为 36.3%，2017 年为 50.7%。这些人大多居住在首尔或首尔周边城市，其中江南区最多。2010 年以来，江南区年轻富二代逐渐增加，他们继承父母的财富、学历甚至工作。以此，他们很容易成为中产阶层或上层阶层，因此韩国媒体将这些中产阶层称为"世袭中产阶层"，[1] 世袭的最重要手段就是房地产投资与教育。

此外，韩国中产阶层集中在江南区，与其他区域住民的生活空间逐渐分开。据 2015 年首尔各行政区住民跨区上班、上学人口比例调查，江南区住民的跨区上班、上学人口比例最低。越来越多的江南区住民只在江南区上班、上学，甚至退休后仍然居住在江南区。目前，江南区住民的小区域意识逐渐替代阶层意识，并发展成为阶层居住空间分离与差别的重要标志。

近年来，江南区中产阶层经历了阶层意识形态的变化。2012 年，江南区居民中认为自己处于上层的占 2.7%，处于中层的占 70%，处于下层的占 27.5%。2015 年，朴槿惠政府将公寓重建年限从 40 年调整为 30 年，以期刺激房产经济，政府的措施与经济复苏苗头结合，点燃公寓重建热情。从 2015 年开始，整个韩国公寓价格逐渐高涨，江南区公寓价格更是暴涨。到 2016 年，与 2012 年相比，江南区住民中自认为处于中层的比例减少了 12.6

---

① Jo Gwi-dong：《世袭中产层社会》，思考的力量，2020。

个百分点，而自认为处于上层、下层的人增加。① 可以看出，虽然韩国经济有了明显恢复，但经济复苏红利的主要获得者仍是中产阶层上层人群，而中下层所获甚少，出现中产阶层两极化。

即便中产阶层内部出现两极分化，韩国人心目中的"江南"意象反而一直被强化，其代表性特征分别为富人、教育、学区、进口车、名牌、房地产、土地、高雅、时尚、奢侈、江南福妇人（专事房地产投机的家庭妇女）、暴发户等。其中，很多特征与房地产投资带来的经济上的成功有关，如富人、房地产、土地、江南福妇人、暴发户等，或者与子女教育有关，如教育学区。② 可见，江南区中产阶层绅士化的主要驱动力为"房地产与教育"，可以将这一过程称为韩国式中产阶层绅士化，或谓江南 style 绅士化。

五 结论与讨论

江南区为首尔 25 个行政区之一，在首尔产业最发达，企业数、工作人数最多。江南区产业中最发达的是服务业，其中，最突出的是房地产行业与培训行业。房地产行业中较突出的是房地产中介、装修，首尔行政区中企业数、从业者人数都最多。培训行业方面，补习班、艺术体育培训、语言培训等都非常发达，全韩国规模最大，服务水平最高，为江南区代表产业，而这些产业结构呈现出江南区住民的社会、文化特征，即房地产投资与子女教育。

江南区产业结构，来自江南区优越的地理、经济、社会、教育等条件，而这些区域优势一直成为房地产投资的动因。但由于江南区已没有可开发的宅地，因此城市更新成为城市发展与房地产投资的重要手段。韩国公寓重建年限为 30~40 年，而江南区 30 年以上的重建对象（旧公寓）数量最多，因此，江南区不断进行城市更新，因而房价持续上涨。江南区房地产市场较特殊，只要有供应，一定发生需求，需求一定导致价格上升。其原因就是江南区房子的 60% 被区外人收购。而这些外地人购买江南区房子的原因，除了

---

① 首尔市统计表数据库信息，http：//stat. seoul. go. kr/octagonweb/jsp/WWS7/WWSDS 7100. jsp。

② 江南区中产阶级意识形态调查方面，主要参考引用首尔市统计表数据库信息，http：//stat. seoul. go. kr/octagonweb/jsp/WWS7/WWSDS7100. jsp。

江南区房子重建投资收益较高外，还有一个很重要的原因是子女教育，因为江南区为全韩国最好的学区。

近年来，房地产投资与子女教育成为江南区中产阶层的主要代际传承模式，一直被韩国其他城市中产阶层效仿，但引发了严重的社会问题，即阶层分化与固化。江南区内部出现富有的中产阶层与买不起房子的租户之间贫富差距逐渐拉大，而外地人买房入住江南区更难等问题。目前，继承父母的财富、学历的富二代中产阶层逐渐增加，他们代际传承父母的财富，与其他区域住民的生活空间逐渐分开。在这一过程中，房地产投资与教育既是代际传承的重要手段，又是中产阶层绅士化的驱动力。

韩国"私教育"治理：历程、措施、启示与镜鉴

【内容提要】 在韩国，校外培训被称为"私教育"。从 20 世纪 60 年代末至今，"私教育热"一直是韩国政府重点关注的教育问题，相关治理政策接连出台，其治理过程中的理念也从"禁止"为主转变为"疏导"为主。在诸多治理措施中，"放学后学校计划""幼儿 Nuri 课程计划"以减轻家庭负担为重点，"高中学分银行""学生簿综合招生制度""小学托管教室""大学自主招生制度"着力缓解选考压力，限定培训机构最高收费、建立立法巡查制度致力于强化对培训机构的监管，"EBS 在线课程教材""优惠入学政策""城乡教师流动制度"助力国民教育机会公平，教师教育提质、增加教育经费投入、鼓励自主学习、"高中阶段提质补差"等政策则在提高学校教育质量层面发挥作用。中韩两国虽国情不同，但在文化传统、教育模式、选考制度等方面多有相似之处，又同样面临着校外培训治理的历史性难题；目前，我国"双减"政策落地实施方兴未艾，总结韩国私教育治理的经验与教训，或可为我国"双减"工作的宏观战略与具体措施提供必要的镜鉴与启示。

【关键词】 韩国私教育　校外培训　治理　"双减"　影子教育

【作者简介】 王瑞，中南民族大学教育学院博士研究生，主要从事教育理论与政策研究。

一 引言

校外培训在一些西方国家被称为"影子教育"，在韩国则被称为"私教育"（사교육），韩国教育技术部将"私教育"定义为："中小学生为了提升学业竞争力以助于升学，尽力完善和提高公立教育内的学业成绩，而在公立教育以外另行支付费用的补充性学习（supplementary privatetutoring）。"①与我国相比，韩国的校外培训热潮出现更早，从 20 世纪 60 年代末开始，韩国私教育投入费用总额一直呈上升趋势，2007 年课外辅导教育的总支出约为 190 亿美元，相当于韩国 GDP 总额的 3%，已非常接近公立教育的总支出。② 有数据显示，2012 年 9 成以上的韩国小学生参与了各种类型的校外培训。

韩国私教育盛行的原因是结构性、深层次的。韩国地处东亚儒家文化圈，历来有重教传统，在 1948 年建国之初就制定了"教育立国"的国策，提出"弘益人间"的教育目标，韩国民众亦普遍持有"万般皆下品，惟有读书高"的价值观念。朴正熙执政时期，伴随着"汉江奇迹"，韩国经济在飞速发展的同时，国家主要经济生产资料被三星、LG、韩进等几大财阀集团掌控，以致成尾大不掉之势。财阀经济结构进一步造成了韩国社会的名校情结，民众普遍认为唯有进入以 SKY（首尔大学、高丽大学、延世大学）为代表的知名大学，才有机会进入财阀控制的各大企业工作，进而实现社会阶层的跃升。某种意义上，大学的等级决定了韩国学生未来社会地位的高低，由此，韩国的教育竞争愈演愈烈。这一独特而激烈的社会竞争机制被戏称为"卡斯特"（Castle）制度。由此，私教育在韩国具有适应度极强的生存土壤，逐步发展壮大，终至形成"补习文化"。位于首尔市江南区的大峙洞"补习一条街"远近闻名，整条街遍布各类型补习班多达 1000 多家，补习项目甚至包括针对婴儿群体的课程。

---

① 교육과학기술부，『고등학교 입학전형 사교육 영양평가 메뉴얼』，2010，p. 18.
② H. Choia & lvaro Choib，"Regulating Private Tutoring Consumption in Korea: Lessons from Another Failure"，International Journal of Educational Development，2016，p. 144.

　　"私教育热"的负面危害广泛，学生人性的长期压抑造成校园暴力事件频发，家庭教育成本过高造成社会生育率低、居民生活幸福感下降、社会不公平感加剧，引发了一系列社会问题。根据韩国智库现代研究所的行业调研报告，韩国家庭平均将其收入的 20% 用于子女的课外辅导，私教育投入过高不仅影响韩国教育生态的良性发展，还波及其他经济领域的经费投入，打破了韩国国民消费占比平衡，严重掣肘了韩国经济整体的平稳运行。"私教育热"现象引起韩国历届政府的高度重视，治理措施接续出台。

二　韩国政府私教育治理历程

　　自 20 世纪 60 年代末以来，韩国政府对"私教育热"的治理经历了许多波折与政策理念转变，有学者将其总结为转移政策→禁止政策→补偿政策→公平政策的阶段性政策转变。[①] 本文则以其治理历程的理念特征转向为分野，将其分为两个阶段。

（一）禁止阶段（1968～1999）

　　从 20 世纪 60 年代开始，韩国经济结构调整对劳动力素质要求提高，借助辅导机构复读的学生数量增多，课外机构泛滥式增长问题开始进入政府整治视野。1968 年韩国文教部（MOE）颁布了《取消中学入学考试政策》，直接将中学入学考试制度转为就近入学制度，这一促进教育公平的政策得到民众一致好评。但不久之后，初中的升学压力向高中阶段转移，1973 年韩国文教部又推出"高中均等化政策"（也称"高中教育平准化政策""高中平准化政策""平准化政策"），具体方法为取消高中升学考试和引入学校随机分配系统。[②] 这一政策公布后，民众认为是对其自主择校权的剥夺，公立高校方面亦不满该政策对私立高校的偏向，政策实施并未实现既定目标，政策实行期间韩国家庭私教育费用支出不降反增。1980 年全斗焕政府颁布

---

① 周霖、周常稳：《韩国影子教育治理政策的演变及其启示》，《外国教育研究》2017 年第 5 期，第 66～76 页。
② 肖凤翔、王瑞：《韩国"影子教育"治理及其对我的启示》，《外国中小学教育》2017 年第 8 期，第 4 页。

了《教育规范化及消除过热的课外补习方案》，号称以"禁止一切非法影子教育"为目的，限制大学的自主招生权力；改变修能考试的考试模式，不再"一考定终身"，转而试行定时与不定时结合的高考入学考试制度；成立专门的教育管理委员会；禁止学校组织教育补习。① 这一禁令力度空前，但"一刀切"的方案又引起了韩国民众的不满。此后，政府只得逐步放松禁令，1981 年放了艺体类等非学科类培训禁令，1984 年允许高中学生在寒假补课，1991 年规定中小学生可以参加私立学校组织的学科类培训课程，1996 年开始不再强行限制大学生从事有偿家教活动，1998 年允许学校内免费补习课程。有关数据显示，1977~1998 年，韩国家庭在学校内的支出占 GDP 的比例由 1.6%下降至 0.84%，而家庭私教育支出占 GDP 的比例却由 0.7%增长至 2.9%，私教育现象依然根深蒂固，禁令名存实亡。

（二）疏导阶段（2000~）

2000 年，韩国宪法法院以"过度侵犯儿童受教育权"为由裁定补课禁令违宪，禁止模式宣告失败。实际上，20 世纪 90 年代后期，面对私教育禁止政策实施多年而收效甚微的事实，韩国政府不得不重新思考私教育热问题的深层原因，并开始转变治理方式，对于私教育问题的各类强制性禁令已不见报端，韩国政府开始转"堵"为"疏"，并以疏为主，疏堵结合。一方面，提升公立学校教育质量，改革大学招考制度以缓解学生考试压力，开办国家公益性校外培训项目，对家长的教育观念进行正确舆论引导；另一方面，对培训机构加强监管，尽量使私立教育发挥积极作用，同时将课外培训纳入国家教育体系。在疏导的理念指导下，各项政策互补综合发力，循序渐进，韩国的私教育热现象总体看依旧严峻，但在起伏中有缓解趋势。韩国统计厅的调查报告显示，2008~2019 年韩国小学、初中、高中私教育总体参与率分别为 75.1%、75%、73.6%、71.7%、69.4%、68.8%、68.6%、68.8%、67.8%、70.5%、72.8%、74.8%。数据显示，2008~2016 年，小学、初中、高中学生参与率逐年下降，私教育治理措施收到效果，但自 2017 年开始又有所反弹。受疫情影响，2020 年韩国小学、初中、高中学生私教育参与率为 66.5%，课外补习费用总额为 9.3 兆韩元，学生月均补习费

① 赵霞：《中国和韩国的影子教育比较研究》，华东师范大学硕士学位论文，2013，第 54 页。

用为 28.9 万韩元，学生周均参与补习时间为 5.3 小时。① 在实行疏导为主的私教育治理政策后，私教育热度在一段时间内呈现下降态势。目前，私教育热的反弹势头被疫情压制。

总之，韩国政府对私教育治理的高度重视、持续作为有目共睹，对待私教育的总体态度和治理目标一以贯之，无论是禁止模式还是疏导模式，均是为了限制私教育热度，保证教育公平和减轻学生与家长的负担，提升教育质量，促进国民生活水平提升和国民经济健康运行。

三　韩国应对“私教育热”的具体措施

韩国政府在几十年的私教育治理过程中，吸取失败经验，保留有益政策，不断改进完善，已探索出了一套较为成熟的治理措施体制，其具体措施旨归为“维护教育公平”“减轻家庭负担”“改革选考制度”“培训机构监管”“提高教育质量”五个层面。

表 1　韩国私教育治理的具体措施与政策

维护教育公平层面	减轻家庭负担层面	改革选考制度层面	培训机构监管层面	提高教育质量层面
1.“EBS 在线课程教材” 2. 城乡教师流动制度 3. 幼儿 Nuri 课程计划	1.“放学后学校计划” 2. 小学托管教室制度 3. 家长心理压力疏导	1. 取消中考，划片入学制 2. 高中教育均等化政策 3. 高等教育入学考试改革	1. 立法监管 2. 其他辅助管理	1. 推行学业诊断系统 2. 增加学校自主权和丰富性 3. 家长参与学校活动

（一）维护教育公平层面的措施

1.“EBS 在线课程教材”

“EBS 在线课程教材”（也称“EBS 电子教材”）是 2004 年卢武铉政府

---

① 「2020 년초중고사교육비조사결과」, 통계청, 2021.3.9, https://www.moe.go.kr/boardCnts/view.do? board ID = 294&lev = 0&status YN = W&s = moe&m = 02&op Type = N&board Seq = 83751.

打造的教育课程开发项目，由韩国国营的教育电视台兼广播电台（EBS）负责开发与运营，"EBS 在线课程教材"与大学修能考试内容相对接，能为广大学生提供优质有效的考试课外辅导。2010 年，韩国教育部又与 EBS 签订备忘录，将项目中修能考试内容占比提高至 70%，也就是说大学修能考试内容中的 70% 可在 EBS 的课程及教材中得以体现，这极大地提升了该在线课程项目的影响力，"EBS 在线课程教材"已成为目前韩国学生最常用的考试在线辅导课程之一。

2. 城乡教师流动制度

早在 20 世纪 50 年代，教师流动制度就被引入并在韩国部分地区实行，70 年代中期至 90 年代，随着韩国政府推行取消中考免试入学和"高中平准化"等政策，教师流动开始制度化。2000 年以来，韩国中小学教师流动制度在不断完善中趋于成熟。这一阶段以促进学校教育的发展、追求教师的专业能力增进为主要特征，重在保障农村儿童受教育权利以实现教育机会公平，为最终的结果公平目标作奠基，并通过培训提高教师的专业技能和学校的发展及教育能力。另外，该制度尊重教师的择校意愿，给予流动教师充分的生活保障津贴，在流动安排上亦力使教师无后顾之忧，在几十年的运作中运行稳定，趋向成熟。此制度一定程度上避免了同一地区城乡间师资力量差距拉大。

3. 幼儿 Nuri 课程计划

韩国实行保教二元的幼儿教育体制，为了促进 3~5 岁幼儿的全面发展，同时为了让幼儿不再因为幼儿园的不同而接受有差别的幼儿教育，韩国教育科技部和卫生福祉部于 2011 年 9 月联合制定了一项针对 3~5 岁儿童的学前教育公共课程——Nuri 课程。Nuri 课程在原有优质课程基础上，对幼儿园教学内容进行了统一规划和重新选择。韩国政府规定，全部韩国幼儿园和保育机构统一执行该课程。它的实施具有双重意义：首先，在经济福利上，地方政府拨款补助每一名 3~5 岁幼儿的保育、教育费用，以实现 3~5 岁儿童保育、教育免费；其次，在教育层面，Nuri 课程的目标是实现韩国所有保育园与幼儿园课程的统一，① 因此它又是一项学前教育课程改革政策。该课程还十分注重与小学阶段课程内容的衔接，在运动健康、社会交往、自然探

---

① 李晓华：《韩国学前教育一体化进程与发展方向及启示》，《天津师范大学学报》（基础教育版）2019 年第 3 期，第 84 页。

索、交流沟通、艺术鉴赏五个方面使幼儿得到全面发展。

（二）减轻家庭负担层面的措施

1.“放学后学校计划”

“放学后学校计划”指在学校内开设和运营的正规教育课程以外的学校教育活动，2006年正式推行。它涵盖分层补充授课、特长教育、小学低年级放学后保育教室等。为了对低收入阶层学生进行持续有效资助，韩国政府还推行“自由听课券制度”，对低收入阶层的中小学生进行资助。在课程设置上，既遵守补充完善学校正规课程的初衷，又强调最大限度地满足学生与家长的需求。根据每个道市、学校的条件特色以及学生与家长的要求，制订相对应的教育项目，分为知识文化课程和实践活动课程两大类型①。韩国统计厅每年发布的私教育调查报告显示，近几年韩国中小学生的总体参与率均在50%左右，如表2所示，这一数据仅在2020年由于疫情影响有较大幅度下降。2011年6月，韩国科技教育部对30万名家长进行了一项调查，受访者对“放学后学校计划”作为应对私教育的一个有效措施给出了平均71.9分的高分，“放学后学校计划”在扩大教育机会，特别是在减轻低收入家庭校外培训经费负担方面起到了积极作用。

表2　2016~2020年“放学后学校计划”参与情况

单位：%

年份	总体（계）	小学（초등학교）	初中（중등학교）	高中（고등학교）
2016	55.8	58.9	35.0	68.3
2017	54.6	60.4	37.2	59.8
2018	51.0	59.3	32.1	52.6
2019	48.7	59.0	27.9	47.8
2020	9.5	10.9	4.2	12.0

资料来源：통계청，초중고사교육비조사 각년도，https：//kostat. go. kr/portal/korea/kor_ nw/1/7/1/index. board。

---

① 李文美：《韩国“放学后学校”教育项目评析——基于扩大教育机会的视角》，《比较教育研究》2021年第10期，第23页。

2. 小学托管教室制度

1996 年，韩国保健福祉部开始在部分社区的福祉馆内开设小学保育教室，标志着韩国小学课后托管服务正式启动。2004 年，韩国教育部将"小学保育教室"与"放学后学校"项目进行整合。2010 年，小学保育教室更名为"小学托管教室"，并逐渐扩大运营规模。文在寅总统执政后，继续增加小学托管教室数量、逐步扩大托管教室服务范围、延长托管教室运营时间、提高小学托管教室质量，推进"全天托管政策"，完善机制建设，致力于为所有孩子提供幸福的托管服务，小学托管教室使用人数逐年提升。① 该政策既有助于解决双职工家庭无法按时接管孩子的难题，又给孩子提供教育辅导的条件，成功地回应了小学托管盲区、社会少子化和女性难以安心步入职场等社会问题。自 2015 年起，韩国教育部开始就小学托管教室满意度面向全国家长展开调查，调查结果显示，满意度从 2015 年的 94.8% 上升至 2018 年的 95.9%，并且近三年来持续保持在 95% 以上。②

3. 家长心理压力疏导与正确教育理念宣传

校外培训业者是通过制造焦虑来攫取利益的高手，他们往往运用"预习"的方法，来增加未参加培训学生和父母的焦虑，从而使他们成为私教育大军中的一员。2009 年，李明博政府颁布了名为《提高公立学校竞争力以减少私教育》的政策，其中要求成立私教育心理咨询中心，旨在缓解学生与家长因升学考试带来的压力，使家长从心理上正确认识私教育热现象。政府还通过电视公益广告以及其他舆论宣传方式倡导正确的教育观，引导家长理解孩子的压力，实施各层面的家长教育理念培训计划，以期从根本上扭转家长对私教育的态度。

（三）改革选考制度层面的措施

1. 基础教育制度的改革

20 世纪60 年代，韩国因工业结构调整而引起激烈的人才竞争，为了

---

① 宋向楠、魏玉亭、高长完：《韩国小学托管教室运行机制探略》，《比较教育学报》2021 年第 3 期，第 92、98 页。

② 「초등돌봄교실 운영 확대 등으로 신학기 돌봄지원 강화」，교육부，2020. 1. 8，https：//www. moe. go. kr/board Cnts/view. do？board ID = 294&lev = 0&status YN = W&s = moe&m = 0204&op Type = N&board Seq = 79458.

给考试热降温，使教育回归正轨，韩国教育部于 1968 年颁布《取消中学入学考试方针》，主要措施是取消初中入学考试，小学升初中实行区域抽签制，这一措施得到了全国民众的普遍支持，并在一定时期内起到了减弱私教育的目的，沿用至今。在高中阶段推行"高中教育平准化"政策，随着升学压力从小学转移至初中，1973 年韩国政府以取消中考制度为基础，进一步取消高中入学考试制度，规定以抽签分配的方式入学，家长按学区填报志愿，教育行政部门则根据标准方法进行筛选并借助电脑随机配位。此项政策同样是为了减轻考试带来的压力以及降低对补习的需求，也的确取得了良好的社会效益，有助于缩小教育资源差距，促进全国高中均衡发展。

2. 高等教育入学考试改革

韩国高校招生的录取标准、选拔方式呈现多样化的特征，录取方式主要有"论述为主招生""技能为主招生""修能考试为主招生"等；选拔方式有"定时招生""随时招生""特别考核选拔""推荐入学制"四种。① 2013 年，开始推行由"入学查定官"制度更名而来的"学生簿综合招生"制度，以扩大学生簿在大学入学选拔中所占比例。但是，学生簿综合招生制度内容的复杂性使校外培训机构有机可乘，各类辅导机构开设帮助学生准备自我介绍书、面试等代办和辅导项目，影响了该制度的公平性。② 这些弊端引发了不满和声讨，学生簿综合招生制度反而导致了课外辅导费用的增加，有人认为这也是一项会导致"阶层间不平等"的入学政策。对此，2016 年 9 月，《禁止不正当请托与收受财物法》中规定，禁止各类违反学校入学、成绩和综合评价等相关规定的造假行为。教育厅还通过 NEIS 系统对学生簿赋权现状进行实时监督，以预防不当的赋权行为。2018 年 8 月 17 日，韩国教育部公布了《2022 学年大学入学考试制度改革方案与高中阶段核心教育方向》，规定从 2022 年起逐年缩减"随时招生"计划，增加统一考试成绩录取计划；改变学生记录簿记载方式，以提高大学录取过程透明度。③

---

① 刘海峰、郑若玲：《国外高校招考制度研究》，浙江教育出版社，2017，第 294~295 页。
② 魏玉亭、宋向楠、高长完：《韩国高校自主招生政策之审视——基于"学生簿综合招生"政策的分析》，《比较教育研究》2020 年第 3 期，第 32 页。
③ 凌磊：《韩国 2022 年大学考试招生制度改革评析》，《比较教育研究》2019 年第 5 期，第 36~37 页。

（四）培训机构监管层面的措施

1. 立法监管

韩国于 2016 年修改实施了《私立教育机构设立、经营与课外辅导法》（以下简称《辅导法》），对课外辅导机构的开设、教学条件设置、教师从教资格、收费等各个方面进行了全面立法规制。通过立法建立严格的准入制度，明确课外辅导机构设立者与经营者的义务。例如，课外辅导机构聘用教师，应严格审核，确保聘用教师符合法定要求；通过立法建立信息公开制度，课外辅导机构设立者与经营责任人、教学学校经营者、私人教师应在民众可见位置张贴学费等相关内容；通过立法建立了课外辅导机构的监督机制，政府行政管理人员可以对培训机构内的相关设施设备、书籍和文件资质等进行检查；通过立法建立了刑事责任与行政责任相结合的法律责任体系。

表3　韩国校外培训机构管理的部分监管规定

监管项目	监管要求
班额	按规定执行
讲师资质	须专科学历以上
补习费用	收费公开，可退费
补习时间	不得超过晚上 10 点
教学环境	不得位于地下一层或二层

2. 其他辅助管理措施

设立私教育监督举报中心，民众可举报违规教育培训机构或培训机构存在的违法违规行为，中心对举报人给予奖励。《辅导法》第 16 条规定：教育主管可在其管辖范围内设立并运行非法私营教育举报中心，以接收并处理有关未登记或未报告的课程，[①] 对于超额收费或其他违反《辅导法》中规定事项的举报，须按总统令的规定对举报者予以奖励；出台"宵禁令"（curfew），规定校外培训和辅导机构经营时间不得超过晚上 10 点，这一措施有助于减少家长在私教育上的花费，保护孩子的身心健康。2009 年宪法

---

① 孟凡壮、刘玥：《韩国课外辅导机构法律规制探析》，《全球教育展望》2019 年第 2 期，第 33 页。

法院认为这一立法规制合乎宪法，自此，校外辅导宵禁令在全国范围内逐步开始实施。

（五）提高教育质量层面的措施

提高公共教育质量是减轻家庭课外教育负担最有力的举措之一，但据2020年韩国统计厅对全国13岁以上人口进行的调查，民众认为学校教育"非常有效"的仅占10.9%，认为学校教育"有些效果"的占29.3%，认为"效果一般"的占36.9%，认为"没什么效果"的占14.9%，其余则认为"完全没效果"或"不清楚"。可见，提升学校教育质量已成为当务之急。

表4　学校教育效果影响力调查结果

单位：%

非常有效	有些效果	效果一般	没什么效果	完全没效果	不清楚
10.9	29.3	36.9	14.9	3.7	4.3

资料来源：통계청，「학교교육의 효과(생활·직업·취업에의 활용, 13세 이상 인구)」。

1. 推行学业评估系统

韩国的国家教育成就评估系统（NAEA）是一项对学生是否具备关键学业领域知识与能力的"一站式"服务参照测试体系。该评估系统能够对学生的学业情况进行较为科学准确的定位识别，从而筛选出那些不能跟上学校课程进度的学生，并为他们提供有针对性的学习指导与帮扶，以提升其学习能力和兴趣。韩国政府为了使NAEA充分发挥效应，确立了三级执行体系：教育部负责管理NAEA，对评估结果不理想的学校给予支持；地方教育部门对相应学校提供咨询、扶持指导；学校针对学业落后学生，以年级或科目提供分类支持措施。

2. 增加学校自主权和丰富性

韩国给予学校充分的自主权，鼓励高中教育多元化，避免"千校一面"。过度挑选机制使成绩最优异的学生流向私立高中，提高了学生整体上对私教育的需求。2010年，韩国教育部颁布《初、高中教育法实施令》，改变全国的高中类型分布格局，将高中分为普通高中、Meister高中（职业导向高中）、特殊目的型高中（科学高中、外语高中、体艺高中）、自律高中等类型。^① 这一法令旨在实现高中办学多元化，使主流学校拥有教师自主招聘权，增强办学实力和师资力量，建立学校信息开放系统，提高主流学校的公信力和影响力。另外，推行《高中学分制综合促进计划》，大力发展高中教育学分银行制度，《2021 年教育部业务计划》报告书明确 2021 年度重点任务之一是高中教育学分银行制度的实行和规范，以为未来教育做准备。^②

3. "家长参与学校活动"项目

2009 年 9 月，韩国教育科技部颁布推行"家长咨询项目"和"教育政策监督项目"，两个项目的性质是沟通平台，以加强家长与政府部门尤其是教育部门的联系。2011 年，韩国教育科技部上线了家长支持网站（www.parents.go.kr），集中收集和发布各种教育信息，作为服务家长的教育信息枢纽，受到韩国家长的认可。^③ 家长参与学校决策，有利于教育政策推行得更加顺畅，最终实现学校教育质量的总体提升。家校合作以多立场的综合形式增强决策的有效性，充分尊重并听取家长意见，进行教学改进，做真正让家长满意的学校教育。

四　韩国私教育治理经验对"双减"的启示与镜鉴

"他山之石，可以攻玉。"事实上，我国实施的多项教育政策与韩国相关政策可谓异曲同工。例如，我国教师轮岗常态化与韩国的教师流动制度，解决"三点半难题"的课后服务政策与韩国的"放学后学校计划"，义务教育均衡发展政策与韩国的"平准化政策"中缩小地区学校间教育条件差距的制度等。韩国的相关经验可资借鉴，他们走过的弯路，我们不应再走。当然，仍应认识到两国国情的根本不同，在借鉴的同时须保持独立思考。

（一）韩国私教育治理经验对"双减"的正向启示

1. 减负与提质增效相结合

"双减"的同时实现"双增"，这是中韩两国校外培训治理的共有逻辑。

---

① 周霖、周常稳：《韩国影子教育治理政策的演变及其启示》，《外国教育研究》2017 年第 5 期，第 66~76 页。

② 「2021 년 교육부 업무계획」，교육부，2021.1.26，https://www.moe.go.kr/sub/infoRenew.do? m=031101&page=031101&num=03&s=moe.

③ 李周浩、程琳：《加强学校教育，减少校外私教育》，《上海教育》2013 年第 32 期，第 28~31 页。

双减是为了减负担而绝不是减质量。学校是落实双减政策的主阵地，"学校教育应不断深化课程改革，创新教学方式，让学生在学校实现优质学习，减少对校外培训的依赖……学生负担自然随之减轻"。① 学校教育在承担好教育提质重任的同时还要响应人民需求，做好课后服务工作，解决放学后的"三点半难题"，让课后服务发挥最佳效果，与学校教育相补充。学校课后服务应聚焦发展学生个性，培养学生的动手实践能力和创新思维能力。目前，大部分学校还只停留在保证"5+2"课后服务的顺利实施上，对提升质量缺乏合理评价机制，课后服务的质量与多样性亟须实质性提升。"父母是孩子最好的老师"，着力加强家庭教育对孩子的健康成长和全面发展尤为重要，我国公布的《家庭教育促进法》于 2022 年 1 月 1 日起开始实行，帮助家长遵循孩子身心发展特点进行高质量家庭教育。

2. 多方协作，系统化推进

韩国的私教育治理是一个统合社会各界的多维行动，"双减"也是一个系统工程，牵一发而动全身，需要政府、社会、学校、家庭等各方协同推进。根据系统学说，教育生态系统是从属于社会生态的子系统，教育系统的稳定运转受上层系统的影响，在"双减"改革中教育生态系统不可能单独优化，更多时候需要全社会共同配合。横向来看，"双减"工作需要各领域、各部门成体系地合力推进，多方联动，社会各界均应创造条件，为学生与家长提供便利、减轻负担，课后服务多样化，动员社会力量，以本土知识、文化丰富课后服务课堂，"统筹社会资源，经过教育部门统一遴选，由学校自主选择，吸引一些社会上的专业人士参与学校工作"。② 纵向来看，从幼儿教育到高等教育，整体教育序列的各个学段应齐抓共管。

3. 革新人才选拔考试制度

"一考定终身"的人才选拔制度，是校外培训痼疾难除的根本原因。韩国的经验表明，不彻底纠偏高考指挥棒的负面影响，校外培训问题难以治本，"高中平准化政策"的失败是最好的例证。我国高考素有"千军万马过独木桥"之称，竞争压力与韩国相比有过之而无不及，应着力改变以高考

① 周洪宇、齐彦磊：《"双减"政策落地：焦点、难点与建议》，《新疆师范大学学报》（哲学社会科学版）2022 年第 1 期，第 70 页。
② 教育部：《要积极探索推行教师弹性上下班》，中国新闻网，2021 年 12 月 21 日，http://www.chinanews.com.cn/gn/2021/12-21/9634642.shtml。

为主要途径的考试评价方式，拓宽人才选拔途径，关注偏才，使职业院校与普通高校在政策上拥有同等地位和待遇，逐步形成"分类考试、综合评价、多元录取"的考试招生制度。还可以在全国统一高考的基础上，借鉴韩国学生薄综合招生制度，进一步增加高中学业水平考试的权重，实行高中平时成绩计入档案作为招生参考的政策，尝试健全多方位的素质教育评价体系，同时赋予高校更大的自主招生权。

（二）韩国私教育治理经验对"双减"的反向镜鉴

1. 避免松懈、一以贯之

"双减"工作需要极度耐心和细致的坚持，且需要坚决执行，使政策走稳走实，实现"双减"政策"软着陆"。韩国的私教育治理政策变动过于频繁，或朝令夕改，或过于繁杂，非常影响民众对政策的支持，我国应谨防出现这样的情况出现，做好打持久战的准备。另外，根据各地、各校的不同情况，弹性化设计"双减"方案，如积极探索推行教师弹性上下班制度。于宏观战略上不冒进，对工作中出现的问题不回避，直面问题并解决问题，避免教育功利化、短视化。2021 年 11 月 22 日，教育部部长怀进鹏在《学习时报》上发表文章强调"把'双减'作为'一号工程'，校外治理与校内提质联动，制度建设和监督检查并进，确保党中央决策落地见效"。[①]

2. 避免"一刀切"，不搞绝对化

韩国的经验表明，完全禁止校外培训往往是无效的，不留余地的全面禁止政策有反弹风险，可能会引发之后校外培训更加猛烈的复归。我国实行的强力禁止政策，是根据校外培训泛滥的实际情况出台的，是为了获得遏制效果的适当措施，必须严格执行。近来，在强力禁止措施初见成效之后，国家又出台相应规定，凡符合国家标准的学科类机构可以开设，但必须转为非营利性机构。可见，我国的"双减"政策并非对校外培训绝对化的"一刀切"，从本质上来说，事实上是一场针对校外培训行业的治乱整顿运动。

3. 注意统筹设计，谨防"节外生枝"

韩国在治理政策执行中往往显现出其他问题，例如，学生簿综合招生制

---

① 怀进鹏：《深入学习贯彻党的十九届六中全会精神加快建设教育强国》，《学习时报》2021年 11 月 22 日。

度的可操作性和主观性较大，如何保证相对的评价公平问题；韩国私立大学由财阀投资掌控，自主权过大造成招生腐败问题等。这些问题并非完全不可预测，需要的是决策者在决策制定前进行充分调查和论证，我们在"双减"中应尽可能考虑好一切可能出现的情况，避免落入无准备境地。另外，学校管理与课后服务管理要跟上"双减"政策的节奏，不以增加教师负担为代价，不以增加家长的焦虑为代价，着力解决好教师负担过重和家长由于"缺知识、缺技巧、缺时间"而压力过大的问题，对于部分家长担心学科类培训"从地上转入地下"①，对家长做好宣讲和心理引导，疏导家长群体中广泛存在的焦虑情绪。

---

① 黄程翔、郑泽豪：《"双减"：让人欢喜让人忧》，《四川省情》2021 年第 9 期，第 48 页。

CONTENTS

Four Turns to the ROK's Marxist
Thought on 20th Century

Abstract   ROK's Marxism was developed in the special social and cultural conditions as well as an economic and political background in the 1910s. The political repression and social exclusion in academia, which had led to the marginalization of the theory discourse system. However the work of Marxist scholarship never stopped in ROK, and there have been four Marxist turns in the 20th century: (I) the inheritance and insistence of Marx's historical materialism researched on ROK's economic history; (II) the proposing and development of ROK's agricultural economics; (III) the deconstruction and exploration of the dependency theory as well as Park's theory of national economy; and (IV) the reconstruction and deepening of the social formation theory of ROK. The turns of Marxism had a profound impact on the localization of ROK's Marxism, which had laid the foundation for the logical contradiction of critical contemporary capitalism.

Keywords   Localization of ROK's Marxism; Economic History; Agricultural Economics; Park's Theory of National Economy; Social Formation

The Change of Confucian Temple Sacrifice and the Establishment of Korean DaoTong（道统）Genealogy

—*Centered on the Six Scholars of the Song Dynasty*

Li Jia / 19

Abstract   No later than 1430, Zhou Dunyi（周敦颐）, Cheng Hao（程颢）, Cheng Yi（程颐）, Zhang Zai（张载）, Shao Yong（邵雍）and Zhu Xi（朱熹）were enshrined in Korean Confucian temple. In 1714, six scholars of the Song Dynasty entered the Dacheng hall, forming a unique "Sixteen philosophers" sharing sequence of Korean Confucian temple. The Korean Dynasty is committed to improving the status of the six scholars in the Song Dynasty. The status of Korean scholars who are very similar to the six scholars in the Song Dynasty and the authority of the Korean Dynasty have also increased. By the middle of the last century, the allocation system of the six Confucianists in the Song Dynasty was impacted. Zhou Dunyi, Cheng Yi, Zhang Zai and Shao Yong were removed from the Dacheng hall and returned soon. This shows that the six Confucianists of the Song Dynasty are an important part of Korean DaoTong and have become a symbol of the inheritance history of Confucianism on the Korean Peninsula.

Keywords   Six Scholars in Song Dynasty; DaoTong; Korean Dynasty; Confucian Temple

The Concept of World and National Consciousness in Ancient Korea at the Perspective of "Theory of *Li* and *Qi*"

—*Focusing on Yi Hwang and Yi I*

Chen Yili, Yuan Jialin / 33

Abstract   The Theory of *Li* and *Qi* is the research focus of Yi Hwang and Yi I—the famous Confucians in ancient Korea. Yi Hwang emphasizes the substantiality, integrity and transcendence of *Li*. His practical meanings are to criticizing on Buddhism, limiting the ambitions of cabals in Korea (described as Qi) and establishing the power of Korean Empire. Beyond these internal meanings, he also tries to follow the diplomatic order set by China and regards Korea as "Little China". He strives to solidify the foundation of kingship by maintaining the hierarchical order between China and Korea. On the other side, Yi I emphasizes the individuality, particularity and fluidity of Qi. He takes *Tanjun Myth* as an inherent belief of the Korean nation, which he believes is the bridge to build the equal relationship between Korea and China. However, there is little literature research of *Tanjun Myth* and it is difficult to track. Therefore, this is not enough to support the development of Korean nationalism. But Ligu's contribution to explore the unique characteristic of Korean nation through the explanation of *Li* (principle and universality) is worth to be remembered.

Keywords Theory of *Li* and *Qi*; Yi Hwang; Yi I; Concept of World; National Consciousness

Koryo's Variations on the Local Judicial System of the Tang Dynasty

Zhang Chunhai / 46

Abstract The Tang Dynasty was a centralized system with strong imperial power, while Koryo was an aristocratic society. The township officials in Koryo were powerful. The system of private trial appeared, this was due to the institutionalization of local power in the early Koryo period. At the state level, Koryo transplanted the local system of the Tang Dynasty, in which, administration and justice are combined. But in the system of power operation, especially in the setting of the judicial power of the officials below the judge, the fourth class official system of Koryo had great variations on the Tang system. Different from the local judicature in Tang Dynasty, the judicial power of Koryo was mainly exercised by the "Silu" and "Facao". Although the county-level regime in Koryo adopted the system of the Tang Dynasty, in which, administration and justice are combined, and the county magistrate was the highest judicial official of a county, but it's county-level regime structure was extremely simple, with only one county magistrate or supervisor. The judicial power of the county magistrate was smaller than that of the Tang Dynasty, and it was actually a dispatched agency of the state. In a county, the general judicial proceedings were not through the government, but by the local aristocracy power to solve. In short, due to the influence of the specific social structure and power structure of the country, Koryo had great variations on the local judicial system of the Tang Dynasty.

Keywords   Koryo; the Tang Dynasty; Local Judicial; Official System of Four Levels

Impacts of Confucian Thought on Korean Scholars from *Pyohaerok*
—*Taking Cui Fu, a Korean Li Dynasty Scholar, as an Example*

Ma Ji / 60

Abstract   Cui Fu, a Korean scholar in the Li Dynasty, wrote the *Pyohaerok* based on his adventurous sailing experience. In the tough journey of travel, he held the Confucian thought of obedience to the emperor, filiality to parents and commitment to basic rules. Although he frequently encountered some challenges and fatal ordeals, he remained unchanged. Living in an alien country, he behaved himself by the standard of Confucian ritual rules to unite, restrict and safeguard the fellow travelers. In addition, he paid attention to recording other countries' geography, local conditions, and events of canals or river governance. The priority to national affairs, the focus on the emperor's kindness, and the morality of putting the affairs of the Korean emperor above anything else are indicative of his attachment to the world and the concern about the people. From *Pyohaerok*, we can see that he received, held and followed the Confucian thought, which reflects impacts of the Confucian thought on him.

Keywords   *Pyohaerok*; Korean scholars; Confucian Thought; Cui Fu

Analysis on ROK's Post-Pandemic Economic Structural Transformation and Development Trends

Zhang Huizhi, An Naying / 77

Abstract The COVID−19 not only severely impacted ROK's imports and exports, employment, investment and economic growth, but also damaged and weakened the global supply chain and industrial chain, exposing the vulnerability of the global supply chain. As a result, the government of ROK has actively taken a series of policies and measures to provide economic assistance to businesses and nationals while seeking "opportunities" for economic transformation amidst the "crisis" of the epidemic, and has formulated and implemented ROK's version of the New Deal Comprehensive Plan, which focuses on digital, green, human capital, and balanced regional development. In the post-epidemic era, ROK will vigorously support the domestic transfer of overseas industrial layout from the perspective of industrial chain security, adapt to the international trend of "self-dominated supply chain reconstruction", improve the domestic supply chain and value chain, and strive to build a domestic industrial ecosystem that is "not shaken by external shocks"; implement the "K-semiconductor" strategy and strive to build a comprehensive semiconductor power; accelerate the dual transformation of the economy, and promote the realization of digitalization and greening. With the further deepening and expansion of the strategic competition between China and the United States, the governance and restructuring of the global industrial chain and supply chain are becoming more and more prominent, and adapting to this situation and striving to participate in the restructuring of the global supply chain has become an inevitable choice for ROK.

Keywords Post-Pandemic; ROK; Economic Structure; Supply Chain

The Response and Innovation of ROK's Industrial Policy in the Context of the COVID-19 Pandemic

Li Dongxin, Sheng Cuiping / 92

Abstract　The COVID-19 pandemic has made ROK face the challenges of declining GDP growth, deteriorating terms of trade, limited export trade, and declining domestic demand. Industrial development is sluggish and entrepreneurial sentiment is depressed. In response to the impact of the epidemic, the government of ROK has implemented industrial development policies such as manufacturing revitalization, non-manufacturing adjustment, green new deal, digital new deal, and bio-industry development. Looking forward to the prospect of economic cooperation between China and ROK, we can strengthen regional economic cooperation and promote the reshaping of the industrial chain; strengthen policy guidance and institutional guarantee, and promote enterprise cooperation; improve the quality of labor force and develop high-tech industries; break the epidemic restrictions and strengthen cultural industry cooperation.

Keywords　Industrial Policy; Green New Deal; Digital New Deal; China-ROK Economic Cooperation

A Study on the Driving Forces and Social Effects of Middle Class Stratification in Gangnam District, Seoul

Huang Puji / 108

Abstract　Gangnam District is an administrative region of Seoul, the capital of South Korea. The real estate industry and training industry are the most prominent industries in Gangnam District. The industrial structure presents the social and cultural characteristics of the residents of Gangnam District, namely real estate investment and children's education. In fact, real estate investment and children's education are the main driving forces of the middle class in Gangnam District. They have been imitated by the middle class in other cities in ROK, but they have also caused serious social problems such as class differentiation and solidification. In recent years, the wealthy second-generation middle class who inherited their parents' wealth, work, and education have gradually increased. They have inherited their parents' wealth from generation to generation and have gradually separated from the living space of residents in other regions. This process of their continuous pursuit can be called The gentrification of the Korean-style middle class.

Keywords Gangnam-gu, Seoul; the Gentrification of the Middle Class; Real Estate Investment; School District

Governance of "Private Education" in ROK:
Process, Measures, Enlightenment and Mirror

Wang Rui / 122

Abstract   In ROK, out of school training is called "private education". Since the late 1960s, "private education fever" has been the focus of the government. Relevant policies have been issued one after another, and the governance concept has changed from "Prohibition" to "Dredging". In many governance measures, "after school school plan" and "children Nuri curriculum plan" focus on reducing the burden on families; "High school credit bank", "student book comprehensive enrollment system", "primary school trusteeship classroom" and "University Independent Enrollment System" focus on alleviating the pressure of selective examination; Limit the maximum charge of training institutions, establish a legislative inspection system, and strive to strengthen the supervision of training institutions; "EBS electronic textbook", "preferential enrollment policy" and "teacher mobility system" are conducive to promoting educational equity; Policies such as improving the quality of teacher education, increasing investment in education funds, encouraging autonomous learning, and "improving the quality of high school to make up for the poor" play a role in improving the quality of school education. Although China and ROK have different national conditions, they have similarities in education mode, cultural tradition and examination system. At present, they are also facing the problem of governance of out of school training. The implementation of China's "double reduction" policy is in the ascendant. We summarize the governance experience and teaching of ROK's "private education". It may provide necessary mirror and Enlightenment for the macro strategy and specific measures of China's "double reduction" work.

Keywords Private Education of ROK; Out of School Training; Governance; Double Reduction; Shadow Education

复旦大学《韩国研究论丛》征稿启事

《韩国研究论丛》为复旦大学韩国研究中心主办的学术集刊，创刊于1995年，一直秉承"前沿、首创、权威"的宗旨，致力于朝鲜半岛问题研究，发表文章涉及朝鲜半岛问题研究的各个领域。

2005年，《韩国研究论丛》入选 CSSCI 首届来源集刊，2014年再次入选 CSSCI 来源集刊，并进入全国邮政发行系统。

《韩国研究论丛》用稿涵盖朝鲜半岛问题各研究领域，主要涉及三个方面：（一）政治、外交与安全；（二）历史、哲学与文化；（三）社会、经济与管理。

投稿时请注意学术规范。

（一）原创性论文。本刊论文出版前均经学术不端检测，有条件者请自行检测后投稿。同时，在本刊发表之前，不得在其他出版物上（含内刊）刊出。

（二）文章格式严格遵循学术规范要求，如中英文标题、摘要（200字以内）和关键词及作者简介（姓名、籍贯、工作单位、职务及职称、研究领域）；基金项目论文，请注明下达单位、项目名称及项目编号等。

（三）论文一般不超过10000字。

（四）稿件均为 Microsoft office word 文档（不接受其他格式文档），注释采用脚注形式，每页重新编号，注释序号放在标点符号之后。因需要分发审阅，不再接受纸质版论文。所引文献需有完整出处，如作者、题名、出版单位及出版年份、卷期、页码等。网络文献请注明完整网址。

（五）《韩国研究论丛》编辑部根据编辑工作的需要，可能对来稿文字做一定删改，不同意删改者请在投稿时注明。

（六）编辑部信箱：cks@ fudan. edu. cn，电话：021-65643484。

本刊将继承和发扬创刊以来形成的风格，注重学术性、前沿性、创新性、时代性，依托复旦大学，面向世界，努力反映当前最新研究成果。欢迎国内外同行不吝赐稿。

《韩国研究论丛》编辑部

复旦大学韩国研究中心

图书在版编目（CIP）数据

韩国研究论丛. 总第四十三辑：2022年. 第一辑 /
复旦大学韩国研究中心编. --北京：社会科学文献出版
社，2023.12
　（复旦大学韩国研究丛书）
　ISBN 978-7-5228-2025-5

Ⅰ.①韩… Ⅱ.①复… Ⅲ.①韩国-研究-文集
Ⅳ.①K312.607-53

中国国家版本馆CIP数据核字（2023）第117848号

· 复旦大学韩国研究丛书 ·

韩国研究论丛 总第四十三辑（2022年第一辑）

编　　　者 / 复旦大学韩国研究中心

出 版 人 / 冀祥德
组稿编辑 / 高明秀
责任编辑 / 许玉燕
责任印制 / 王京美

出　　　版 / 社会科学文献出版社·国别区域分社（010）59367078
　　　　　　地址：北京市北三环中路甲29号院华龙大厦　邮编：100029
　　　　　　网址：www.ssap.com.cn
发　　　行 / 社会科学文献出版社（010）59367028
印　　　装 / 三河市龙林印务有限公司

规　　　格 / 开　本：787mm×1092mm　1/16
　　　　　　印　张：9.75　字　数：158千字
版　　　次 / 2023年12月第1版　2023年12月第1次印刷
书　　　号 / ISBN 978-7-5228-2025-5
定　　　价 / 98.00元

读者服务电话：4008918866